Com olhos de menina

Encarnació Martorell i Gil

Com olhos de menina

UM DIÁRIO SOBRE A GUERRA CIVIL ESPANHOLA

Tradução de
Joana Angélica d'Avila Melo

EDITORA RECORD
RIO DE JANEIRO • SÃO PAULO
2011

CIP-BRASIL. CATALOGAÇÃO-NA-FONTE
SINDICATO NACIONAL DOS EDITORES DE LIVROS, RJ

M35c
Martorell i Gil, Encarnació, 1924-
Com olhos de menina / Encarnació Martorell i Gil; tradução do espanhol para o português Joana Angélica d'Avila Melo. – Rio de Janeiro: Record, 2011.

Tradução de: Con ojos de niña
Inclui bibliografia
ISBN 978-85-01-09101-7

1. Martorell i Gil, Encarnació, 1924-. 2. Espanha – História – Guerra civil, 1936-1939 – Narrativas pessoais.

11-2572.
CDD: 946.081
CDU: 94(460)"1936/1939"

Texto revisado segundo o novo Acordo Ortográfico da Língua Portuguesa

Título original em catalão:
AMB ULLS DE NENA

Editoração eletrônica: Abreu's System

Impresso no Brasil

ISBN 978-85-01-09101-7

CÓPIA NÃO AUTORIZADA É CRIME
ABDR
ASSOCIAÇÃO BRASILEIRA DE DIREITOS REPROGRÁFICOS
RESPEITE O DIREITO AUTORAL
EDITORA AFILIADA

Seja um leitor preferencial Record.
Cadastre-se e receba informações sobre nossos
lançamentos e nossas promoções.

Atendimento e venda direta ao leitor
mdireto@record.com.br ou (21) 2585-2002.

Aos meus irmãos Àngel e Neus.
À memória dos meus pais.
Em lembrança de Pepe Bueno,
um dos três mil mortos em Barcelona,
vítima dos bombardeios fascistas.

A todas as pessoas que guardam
tesouros pessoais em seus cadernos,
cadernetas, papéis...

Sumário

Prólogo

Um olhar inocente

Este diário inédito da menina que foi Encarnació Martorell durante a Guerra Civil espanhola, perdido num silêncio de mais de setenta anos, produziu em mim, quando o li, um impacto profundo. Comovente. Emocionante. Diante dos meus olhos, e sem que eu o pretendesse, abriu-se um mundo puro, frágil, infantil.

Salvador Domènech, em seu trabalho investigativo de pedagogo e trabalhador infatigável para analisar a fundo o grande florescimento da pedagogia e da educação catalãs durante os anos da Generalitat republicana, conversou com dezenas de ex-alunos e professores, leu e consultou exaustivamente milhares de documentos, informes, resumos e expedientes de todo o tipo. Viu e comprovou que, desde o início do século XX, o impulso inovador da pedagogia catalã arava em profundidade para abrir um sulco de colheitas promissoras. Em 1914, a partir da Mancomunitat, estabeleceram-se as bases dos fundamentos que almejavam uma Catalunha mais culta e próspera.

A ditadura do general Primo de Rivera foi tão somente um interlúdio de espanholismo empobrecedor. A Catalunha, nos anos 1930, continuava apostando numa cultura ambiciosa, cosmopolita e civilista.

A renovação escolar surgia tanto do inovador Institut-Escola como dos Grups Escolars do Ayuntamiento de Barcelona. Por toda a Catalunha, em aldeias e cidades da região, encontram-se rastros de uma mobilização coletiva em prol do ensino e da educação. Também no conjunto do Estado o compromisso com a educação era absoluto. Houve quem chegasse a falar de uma II República de mestres.

Nesse contexto, a formação ativa, humana, criativa e pessoal das crianças amadurece, impregna-se de humanismo, de atitude crítica diante dos fatos. Ali, Salvador Domènech descobriu uma joia desconhecida, o diário de uma menina.

Encarnació Martorell é uma criança que, como outras milhares, frequenta a escola mista, em coeducação. Que lê, escreve, soma e subtrai. Que canta e brinca, salta, corre e se detém. Que é educada para compreender as coisas, para que a memória seja uma ferramenta acadêmica a mais, não o objetivo de seus conhecimentos infantis. A compreensão é a base de sua futura formação.

De repente, explode a guerra e a situação muda drasticamente; e também a vida dela, a de seus pais e de sua família. A partir desse momento, Encarnació relata o que acontece em sua casa, em seu bairro, em Barcelona. Descreve incessantemente o que a rodeia, desde o entusiasmo inicial das pessoas por uma guerra que devia durar quatro dias até a presença quase cotidiana e rotineira de milicianos que se transformam em soldados, as notícias das frentes de luta e os mortos.

Naqueles cadernos escolares, narra com destacado valor literário como os alimentos começam a faltar nas lojas, a ponto de se tornarem uma obsessão sem fim. Ela é uma testemunha sem mácula do dia a dia da guerra em Barcelona. Dos diferentes caminhos tomados pelas pessoas ao seu redor, por culpa de uma guerra que no início parece muito distante mas logo se torna real e destruidora, em razão dos inesperados bombardeios, desconhecidos até aquele momento.

Uma menina que conhecerá a morte de amigos e companheiros por causa da violência e do fogo devastador das bombas e da metralha na retaguarda.

Seu mundo infantil não pode prever como será o futuro, caso os militares golpistas vençam. Tampouco pode entender as profundas fissuras vividas pela sociedade catalã.

Durante os três anos de guerra, Encarnació amadurece, e em seu âmago despertam sentimentos e afetos. Ela detalha tudo, em um diário único. Seu retrato é uma das contribuições mais límpidas sobre a Barcelona e a Catalunha em guerra.

Conhecer sua vida posterior, embora ela a tenha deixado entre parênteses ao parar de escrever, permite compreender a infinidade de esperanças, ilusões, vida, cultura e catalanidade que o franquismo cerceou para sempre.

Uma obra transparente, cristalina. Um depoimento sobre a guerra pelos olhos de uma menina que se situa, com seu diário, em nível similar ao de outras contribuições literárias universais do violento século XX. Um olhar inocente.

J. M. Solé i Sabaté

Encarnació Martorell i Gil

O CONTEXTO

Minha amizade com Encarnació Martorell começou quando, tempos atrás, eu lhe enviei um questionário relacionado às escolas públicas do Ayuntamiento de Barcelona durante a II República. Estava interessado em reunir todas as opiniões possíveis sobre o funcionamento pedagógico dos Grups Escolars do Patronat Escolar, a fim de elaborar um estudo[1] que recolhesse as lembranças de seus antigos alunos.

Encarnació havia sido aluna do Grup Escolar Ramon Llull, um dos 11 centros — com o Parvulari Forestier — que o consistório barcelonês inaugurou oficialmente em 29 de março de 1931,[2] apenas duas semanas antes de os cidadãos do Estado espanhol optarem, em 14 de abril, por uma mudança de regime político com a oficialização da República.

A situação escolar em Barcelona apresentava muitas carências, especialmente em relação às crianças não escolarizadas, mas era no ensino público que a ignominiosa situação se revelava mais patente, com as péssimas condições, anti-higiênicas e antipedagógicas de suas instalações e um professorado, em geral, desmotivado, mal formado, mal pago e com escasso reconhecimento social.

Desde o início do século passado, com a tentativa do famoso Pressupost Extraordinari de Cultura de 1908, e sobretudo a partir de 1916 com a criação da Comissió de Cultura, o Ayuntamiento de Barcelona empenhou forças em modernizar, tanto escolar quanto pedagogicamente, o ensino primário na cidade, mediante uma tarefa conjunta de políticos, técnicos — com Manuel Ainaud à frente — e dos cidadãos em geral.

Os anos mais felizes de Encarnació foram os que ela passou como aluna do G. E. Ramon Llull a partir de 1932, num edifício espaçoso, ensolarado e com boas instalações, desenhado pelo arquiteto *noucentista* Josep Godoy e esgrafiado pelo artista Francesc Canyellas, com uma competente equipe docente dirigida por Anna Rubiés e Federico Doreste, e no qual se levou a cabo um ensino renovador e enraizado na região em matéria de idioma e conteúdos.

Quando entrou para o G. E. Ramon Llull, Encarnació, que até aquele momento havia frequentado o Colegio Martinense — situado num prédio de um só vão, escuro e em ruínas, com carteiras negras e dirigido por um único professor, que ensinava somente em castelhano e humilhava os alunos com castigos físicos —, teve a sensação de aterrissar em outro mundo.

Encarnació Martorell, como todos os seus companheiros e companheiras, não apenas desfrutava de um ensino ativo e motivador durante o curso (com saídas, excursões, material escolar gratuito e ausência de exames) como também, no verão, aproveitava as atividades de lazer que o Ayuntamiento organizava para as crianças, tais como os *Banys de Mar* que aconteciam na Escola del Mar de La Barceloneta.

Durante a Guerra Civil, sua família não saiu de Barcelona e sofreu — como a maioria de seus concidadãos — muitas privações, sobretudo a falta de alimentos básicos. Eles eram parte de uma sociedade democrática e livre-pensadora de repente obrigada a se entregar a uma conflagração duríssima para defender seus ideais de liberdade, justiça e solidariedade.

Barcelona foi uma cidade onde o fascismo espanhol e europeu se cevou, semeando o terror e a morte mediante os múltiplos e indiscriminados bombardeios, aéreos e navais, sofridos ao longo de quase dois anos, entre 13 de fevereiro de 1937 — quando o ataque teve como alvo a fábrica Elizalde do Paseo de Sant Joan — e 24 de janeiro de 1939, quando foi dirigido à zona portuária.[3] Produziram-se 385 ataques e um total aproximado de 1.900 impactos de bomba que causaram quase 3 mil mortos, mais de 7 mil feridos e cerca de 1.800 edifícios civis destruídos ou seriamente danificados. Encarnació morava no Eixample direito, na calle Diputació esquina com Diagonal, quase tocando os trilhos do trem, portanto, numa zona considerada de alto risco.

Dado o panorama, Encarnació só foi capaz de continuar os estudos primários à custa de muito esforço, pois em certos dias devia entrar nas filas de racionamento e em outros cuidar da casa. A menina feliz, que podia dedicar seu tempo livre a brincadeiras e jogos (esconde-esconde, amarelinha, pular corda, pião, colecionar figurinhas etc.), além de se relacionar com os amigos da rua, cresceu de repente e teve de assumir tarefas de uma pessoa adulta. A responsabilidade e a maturidade foram duas das características principais da Encarnació menina.

Se as circunstâncias fossem outras e Encarnació tivesse podido continuar seus estudos, entrando para o Institut-Escola da Generalitat a fim de cursar o segundo grau, como estava previsto que fizesse a partir de 1939, não há dúvida de que seus dons literários teriam se consolidado e ela teria chegado a ser uma grande escritora. Apesar de tudo, a leitura e a escrita foram os dois grandes prazeres que ela teve, às escondidas e aproveitando os instantes livres, e que ninguém pôde lhe roubar.

A PESSOA

Acabada a guerra, e prestes a completar 15 anos, Encarnació aprendeu taquigrafia, datilografia e contabilidade, ferramentas que lhe serviram para se iniciar no mundo laboral. Embora tivesse trabalhado num escritório até se casar, aos 25 anos, combinava esse emprego com uma ou outra atividade remunerada por hora, como a que desenvolveu com o escritor Abelardo Fernández Arias, que lhe ditava no hotel España, das 8 às 9 horas da manhã, romances de viagens que ela datilografava mais tarde, em casa.

No final de 1955, a vida de Encarnació Martorell mudou em questão de semanas. Da situação de casada e com um filho de 3 anos, passou a viver a agonia desse filho, Joan, que morreu de meningite e encefalopatia em 10 de novembro, estando ela grávida do segundo, Joan Enric, e a aflição de ser abandonada pelo marido três meses depois de enterrar Joan e quarenta dias após dar à luz Joan Enric.

Encarnació teve de enfrentar outra etapa dura — a mais cruel — de sua vida. Precisou se arranjar com a ajuda da família e dos sogros e enfrentar o desafio de voltar a trabalhar, lutar pelo seu lar e educar o filho sozinha. Seu estado de espírito se reflete muito bem nas frases abaixo, que ela escreveu meses depois em cartas dirigidas ao segundo filho, na intenção de documentar seus sentimentos mais íntimos em relação à morte de Joan e o motivo da separação do pai dele. São parágrafos pungentes, cheios de dor, solidão e, ao mesmo tempo, força de vontade para superar as adversidades:

> Em meus braços exalou, instantes depois, o último suspiro — muito profundo — e se manteve na terrível impassibilidade da morte. Eram 17h30.
>
> Naquele momento iniciou-se uma nova etapa em minha vida destroçada. Começou para mim uma época de dor, tristeza, desenganos, abandono moral e material, dificuldades, privações, problemas de todos os tipos, e angústia, muita angústia. Uma época que ainda perdura. [...]
>
> Meu sofrimento foi maior, ou eu o senti mais, porque tive de encará-lo sozinha. Sozinha ao recordar Joan, sozinha ao arrumar as coisas dele, sozinha ao colocar flores junto de seu retrato, sozinha ao chorar no dia de seu santo ou de seu aniversário, ou no dia de Reis... Sozinha, sem a companhia do pai dele, do seu pai, compreende? [...]
>
> Eu precisava muito do carinho de seu pai, precisava que ele me animasse a depositar novas esperanças em você, que estava prestes a nascer, e me estimulasse a reviver, neste novo filho, o filho perdido; recomeçar a tarefa com uma companhia, com um braço no qual pudesse me apoiar.
>
> Estando sozinha, custou-me muito mais avançar pelo caminho da vida, cheio de lembranças dolorosas, e precisamente por ficar sozinha vi esse caminho se encher ainda mais de espinhos e obstáculos, os quais tive que vencer ou evitar ao preço de força de vontade e sofrimento.

Se tiver a desgraça de perder um ser a quem ama muito, você experimentará na própria carne a crueldade aterradora da morte. Digo-lhe apenas que as horas do velório de seu irmão foram muito tristes, e guardo delas uma lembrança nebulosa. O momento em que lhe dei o último beijo foi desesperador. A testa dele me gelou os lábios e o coração. Chorei nos braços de não sei quem, exclamando: "Era meu e agora não é mais!" Então começou o vazio de ter que viver sem ele. Muito me custou aprender isso, muitas lágrimas e muito sofrimento, mas o tempo foi mitigando esse pesar e meu coração foi endurecendo à força de sofrer, e agora eu o recordo com serenidade e passo dias sem chorar sua ausência, e até hoje o fato de poder ir ao cemitério com você me causa uma satisfação íntima.

Mas de você, sim, eu recebi consolo. Você me ajudou não a esquecê-lo, o que não quero, mas a conseguir ter de novo alguém a quem amar e por quem me sentir amada. Você me fez novamente mãe. Tive por quem lutar e por quem viver, e isso é muito.

Ignoro o que nos reserva o futuro, a você e a mim; se você me dará alguma alegria quando for um homem ou se alguma vez lamentará ter nascido, mas de uma coisa tenho certeza: e é de que você me fez um grande bem ao vir ao mundo num momento da mais cruel solidão, e que pouco a pouco seu amor e sua inocência mitigaram o vazio do meu coração. Obrigada, meu filho.

Quando seu irmão faleceu, desejei com toda a alma morrer também, mas agora, ainda que minha vida esteja cheia de privações e dor, desejo mais do que nunca que ela não acabe até que você já não precise de mim.

Hoje, diante do túmulo de seu irmão, enquanto você brincava ali perto com umas flores, eu disse mentalmente a ele que não o esqueço, que me espere, que sua mãezinha irá lhe fazer companhia, mas não já, porque o "irmãozinho" precisa de mim.

A ideia de você ficar sem mãe me horroriza.

Sem pai, sem irmão, mas com mãe! O destino tem a última palavra. A minha, o meu desejo, você já conhece.

Com todo o meu amor...[4]

Dos pais, herdou os valores éticos e familiares que a ajudaram, ao longo da vida, a tentar compreender as pessoas e a sociedade na qual lhe coube viver, e ao mesmo tempo a ter um olhar aberto para o mundo. Valores como a honradez, a entrega, o catalanismo, a sinceridade, o espírito de sacrifício contribuíram para fazer dela uma pessoa com um profundo amor pelos outros.

Com uma atitude valente, decidida, digna e eficaz, Encarnació trabalhou, até se aposentar, em diferentes âmbitos, dos quais vale a pena destacar dois, por suas conotações *literárias*: entrou para a agência Behar de detetives particulares da calle Infanta Carlota, onde os agentes que faziam os rastreamentos lhe entregavam suas anotações e ela as datilografava, dandolhes um estilo bem cuidado; e foi secretária do escritor Xavier Regàs i Castells.

Até hoje, Encarnació Martorell não parou de ter inquietações, sobretudo culturais e cívicas. É habitual vê-la numa conferência na sede do Òmnium Cultural, numa celebração relacionada com a Associació d'Exalumnes i Amics del Patronat ou numa atividade extraordinária programada pelo Centre Ocupacional do bairro de Horta. Encarnació caminha pela vida com a satisfação de ter aceitado o papel que lhe coube desempenhar, adaptando-se às circunstâncias, com momentos para tudo, mas enfrentando-os com a integridade e a firmeza das pessoas vitalistas.

O destino quis que seu filho, já com 50 anos, ainda precise dela — e muito —, por causa da oligofrenia de que padece, e não seja capaz de decifrar o conteúdo das cartas e dos relatos que a mãe conservou com tanto esmero, pelo simples fato de não ter podido aprender a ler.

A OBRA

A primeira coisa que me surpreendeu quando eu soube da existência dos 117 relatos do diário[5] de Encarnació Martorell foi o grande valor documental que esses escritos representavam sobre um período tão convulso e fundamental de nossa história recente, ao registrarem regularmente as ocupações cotidianas e as peripécias de uma família trabalhadora de Barcelona durante a Guerra Civil, desde o momento inicial até poucos dias antes de as tropas fascistas do general Franco entrarem na cidade.

O segundo aspecto que surpreende agradavelmente quando lemos os relatos é a constatação da profunda maturidade da pessoa que os escreveu, em comparação com sua idade na época: dos 12 aos 14 anos. Uma maturidade que ela mantém a cada momento, tanto pelos temas de que trata como pelas reflexões que costuma fazer.

E o terceiro fator que chama atenção — levando em conta o valor histórico e ao mesmo tempo literário — é que o *Diário* de Encarnació Martorell i Gil permaneceu quase setenta anos sem vir à luz, boa parte deles em um desvão de sua casa no bairro de Horta. Este diário, que se adiantou seis anos ao de Anne Frank, é um achado único em seu gênero. Seguramente, se a República tivesse vencido a guerra, ele não demoraria a ser conhecido como testemunho da crueldade dos militares fascistas.

Os relatos oferecem uma visão cheia de frescor, uma redação na qual se apreciam as influências das leituras da autora, tanto no desenvolvimento das construções morfossintáticas quanto no vocabulário, rico e generoso para sua idade, e o notável domínio da língua. A Encarnació menina era uma leitora ávida, lia muito, sobretudo romances e narrativas, e isso se nota em seu estilo. Sua redação harmoniosa, contudo, também resulta de ter sido ela uma boa aluna de seu querido G. E. Ramon Llull, levando à prática, de maneira eficaz, o que lhe ensinavam nas aulas sobre estrutura, introdução e finalização de um texto.

Encarnació Martorell nos oferece uma boa radiografia dos percalços e misérias da guerra porque era uma menina que escrevia bem, era boa observadora e estava informada do que se passava ao seu redor e mais além, tanto pelo rádio e pelos jornais como pelos cartazes e pelos comentários das pessoas na rua. Alguns relatos são uma descrição sumamente fidedigna, por exemplo, do funcionamento de um mercado (com seus preços), de uma fila de racionamento ou da organização de uma cantina escolar.

À medida que os dias passam e a guerra se aproxima do fim, mais longos e intensos se tornam os relatos (como não é um diário pessoal, a imensa maioria deles não está datada) e maior é a frequência com que ela escreve, pois são mais numerosos os temas que chamam sua atenção, que a interessam e impressionam, que a sacodem a partir de seus olhos de menina cheios de inocência e boa vontade.

Ao ler seus escritos, chega-se a pensar que Encarnació fazia ou deixava de fazer algumas coisas com a ideia que tinha em mente de que devia escrever seu relato, de que devia encontrar tempo — com perseverança e vontade — para falar com seus "cadernos de memórias" e cumprir assim seu dever de registrar os instantes vividos, tal como fazem os correspondentes de imprensa em seus artigos. E, portanto, sempre com certo interesse — totalmente inconsciente — pela transcendência daquilo que ela deixava escrito.

Graças à sua perspicaz capacidade de observação, vão aparecendo cronologicamente, enquanto ela explica os acontecimentos cotidianos, pessoais e familiares, aqueles períodos e circunstâncias-chave da guerra: os momentos de euforia e pessimismo, as conquistas e as derrotas republicanas, as épocas de mais bombardeios, a escassez de moeda, as restrições, o racionamento da comida, a criação do exército popular, as festas incorporadas, como o aniversário da revolução soviética, eventos internacionais, como a invasão da Áustria e as premonições de uma futura guerra mundial etc. Mas, sobretudo, o que se pode acompanhar com extrema precisão é a escandalosa inflação dos produtos da cesta básica e dos calçados e roupas.

Em muitos dos relatos narram-se momentos comoventes, emotivos e lancinantes das desgraças e consequências da guerra invasora: a angústia que os bombardeios lhe produzem, o sofrimento das mães, a dor dos seres queridos, a crueldade da morte, o sofrimento pela partida de homens e adolescentes para a linha de frente, a fome extrema e recorrente e, sobretudo, a peremptória necessidade de conseguir alimentos. O tema da escassez de comida aparece constantemente e pode até parecer reiterativo a alguns, mas era a realidade na maioria dos lares barceloneses (aqueles que careciam de "contatos" e "influências"). E ela, como boa "cronista", descreve tudo isso nos mínimos detalhes.

E, é claro, seus escritos — mais intensos à medida que os relatos se sucedem — estão cheios da sensibilidade estimulante da adolescência: sentimentos de amizade, de amor, de paz; dúvidas sobre o que é correto ou não; reações de crítica e de consolo. Relatos em que Encarnació se erige em defesa das causas justas e nos quais se reflete seu desejo de equidade e solidariedade, princípios universais herdados de seus progenitores, especialmente do pai.

Encarnació toma em seus relatos o partido do lado leal à República, sempre com respeito e equidade, e deixa claro que a guerra estava descompensada a favor dos fascistas e que os governos das democracias ocidentais se omitiram; uma guerra na qual os republicanos se viram obrigados a pegar em armas para se defender dos sediciosos.

Ela precisava pensar a todo momento — sua atividade preferida era pensar — e fundamentar as coisas, "entender" o que se passava. Por isso não compreendia a guerra nem as injustiças que o lado faccioso provocava. Para uma menina de bons sentimentos — sobretudo para com os desvalidos — e muito sensível à dor, ao sofrimento e às desgraças humanas, esse grande despropósito só escondia maldade. Até hoje a Europa tem remorsos por não haver apoiado suficientemente a causa republicana e por ter permitido que, depois da Segunda Guerra Mundial, o fascismo permanecesse no continente.

Também há pequenas satisfações, doçura, alegrias, porque, apesar das dificuldades, Encarnació é uma pessoa agradecida à vida. Ela ama a vida, tem um enfoque positivo. Este diário, com seus mais de cem relatos, está cheio de reflexões feitas com a pureza de espírito de uma menina que se encontra entre a infância e a adolescência, e é um hino à paz, ao amor e à justiça universais.

SALVADOR DOMÈNECH I DOMÈNECH

Diário

19 de julho. Não entendo o que se passa

Deplorável espetáculo! Gente nas sacadas e nas janelas; um trânsito enorme; um tiroteio constante. Os automóveis trazem pintadas as letras CNT/FAI, ou então UGT, AIT* e muitas outras.

Quem imaginaria que hoje, 19 de julho de 1936, esta revolução iria se produzir? Ninguém. Pode-se dizer que o povo não sabia de nada.

Sabe-se que os generais se sublevaram. Em Barcelona, Madri, Valencia e outros lugares, aconteceu hoje, mas, nos outros, aconteceu ontem.

Todo mundo fala da mesma coisa; os jornais só trazem notícias deste fato... Mas dizem que não durará muito.

---

*Respectivamente, siglas de: Confederación Nacional del Trabajo/Federación Anarquista Ibérica, Unión General de Trabajadores e Asociación Internacional de los Trabajadores. (*N. da T.*)

Férias, que nada!

Eu, Encarnació Martorell, que pensei que teria umas férias tão boas... Faz só uns dias que elas começaram e de repente explode esta revolta.

Penso em minhas amigas mais íntimas, como Concepció Gota, Anna Bardas, Mercè Roig, Aurora Mateu, Noemí Roca, Roser Moragues, Flora Navarro, da escola, e Anita, Claudina, Isabeleta, Ana Maria e outras, de minha rua.

Minha irmãzinha,[1] coitada, está sobressaltada. Resumindo: 5 anos de idade e já conhece o ódio. O ódio a esses malvados, como diz ela, que atiram para nos matar.

Corre a notícia de que dentro de poucos dias a comida vai escassear. Todo mundo se abastece. Eu vou comprar vários quilos de arroz, vários de batata e açúcar e outras coisas. Mas, por enquanto, isso não está acontecendo.

Os dias passam. Mas dias sem poder sair à rua para brincar; isso é o mais triste.

A primeira fila

Como esperávamos: a primeira coisa pela qual se faz fila são as batatas.

É a primeira fila em que entro nos 12 anos de vida que tenho. Meu irmão[2] e eu nos levantamos às 6 horas a fim de pegar senhas para várias pessoas; assim, amanhã pegarão para nós e poderemos dormir até as 8. Quando já temos os turnos organizados, subimos para fazer o café da manhã. Café da manhã depressa e correndo. Com a comida na boca, descemos e vamos para a fila. Azar! A fila se desmanchou e formou-se outra.

Voltamos a entrar nela, mas ficamos muito atrás. Por fim, depois de três horas, cabe-nos um quilo de batatas para cada um. Reunimos dois quilos; já temos para uma refeição!

Uma injustiça

Passam-se dias, meses, e a guerra não acaba. Pela janela, vemos partirem trens cheios de milicianos. Vão para a linha de frente. Vão lutar pelos seus ideais, por suas liberdades e por seus filhos.

Os fascistas poderiam nos tirar Málaga.

O problema é que as forças leais não lutam contra o fascismo espanhol, mas contra o fascismo internacional. A Sociedade das Nações dorme, finge não ver nem ouvir.

A falta de pão

Chega o momento de ir para a escola,[3] mas com atraso de alguns dias.

Estou impaciente. Tenho ímpetos de contar coisas às minhas amigas.

Por fim me vejo diante das paredes do meu querido "Ramon Llull". Durante toda a manhã, a língua não para. Faltam muitas, de 44 que éramos na turma só viemos 26. Não trabalhamos muito.

A ausência das meninas cresce com a escassez de outros produtos, como ovos e carne; o mais necessário, porém, é o pão. Pelo pão, sim, madrugamos. O pão é um artigo de primeira necessidade, e todo mundo se atira sobre ele. Se houvesse outros produtos, como batatas, legumes etc., não sentiríamos tanta falta de pão, mas, como esses também escasseiam... Apareceram uns pacotes para fazer filhó que nós experimentamos hoje, mas não saem muito em conta porque, para fritá-los, gasta-se muito azeite. Formam-se filas enormes para o pão.

Há muitas brigas nas filas, e mais ainda nas do pão.

Meu irmão presenciou quando uma mulher foi atacada por outra com uma agulha que continha veneno. Acontecem vários casos assim.

Uma simulação

Nas ruas e nas portarias, expõem-se uns cartazes com instruções sobre o que se deve fazer em caso de bombardeio.

Meu irmão e eu os lemos nas pontas dos pés. Quando penso que já bombardearam outros lugares, como Madri, fico impressionada.

Hoje os jornais e o rádio dão a notícia de que esta noite vão simular um bombardeio. Jantamos cedo.

Para anunciar o alarme eles tocam umas sirenes, e os vigilantes apitam.

Descemos ao principal.* Dali a pouco tocam de novo para indicar que o perigo já passou. Subimos e vamos dormir.

---

* Em certas construções, pavimento situado em cima do térreo ou da sobreloja. (*N. da T.*)

Cá estamos!

Estou fazendo 13 anos.[4] Podem ser os últimos que eu complete, digo a mim mesma. Que diferença em relação ao ano passado, quando comíamos *roscón*!* Este ano vamos comemorar meu aniversário comendo batatas e carne de cavalo.

Aliás, hoje nós a conseguimos macia, porque há dias em que está mais dura do que uma sola de sapato.

Infelizmente, chega o dia em que temos de nos levantar e descer ao principal. Todo mundo grita, as crianças choram, os homens praguejam. Eu não me assusto muito, deve ser porque não ouço ruídos. Depois de uma meia hora, subimos para o apartamento. Mas eu despertei e não consigo mais dormir. Quero saber o que aconteceu. Talvez fosse melhor que eu tivesse morrido hoje, se tiver que viver outro ano presenciando desgraças e destruição.

Repete-se várias vezes aquilo do outro dia. Mas onde as bombas caem mais perto é em Badalona, Poble Nou, El Masnou e outras povoações.

Por enquanto, ainda não pude ouvir o som de uma explosão. Talvez seja mais horrível do que eu imagino!

O conflito do troco

Pouco a pouco tudo vai escasseando, o açúcar, o café, a massa de sopa e outros produtos.

Eu não preciso de açúcar. Quando tomava leite nunca botava açúcar, e não bebo café.

---

* Bolo em forma de rosca grande. (*N. da T.*)

Em muitas lojas se fazem vales. As moedas escasseiam tanto que eles se veem obrigados a isso. Dizem que o pessoal da FAI as açambarca. Passam-se dias assim.

Aparecem notas de dez e cinco pesetas. Essas notas facilitam um pouco o troco, mas ainda faltam pesetas avulsas.

Pouco tempo depois surgem cédulas de dez reais,[5] mas só podem circular pela Catalunha.

Infelizmente, sei que é uma explosão

Fico vermelha, me assusto. Tinha levantado o lençol para me meter na cama, quando ouço um grande ruído. Instantes depois, escutamos as sirenes. Minha irmã chora, assustou-se, a pobrezinha. Ouço gritos de "Àngel", é mamãe[6] chamando meu irmão.

Descemos ao principal. Quando estou na escada, ouço vários estalidos. Estou na sala de jantar, sentada numa poltrona encostada à parede. Penso nestes momentos que agora começaram e que virão a cada noite. Talvez eu não volte a ver minhas amigas. Enquanto penso nisso, escuto várias explosões seguidas. Os minutos me parecem anos. Estamos no escuro, não há eletricidade, somente uma vela acesa no fundo de uma sala. Não a colocamos mais perto para evitar que a luz seja vista do exterior.

Olho por uma janela. Está tudo escuro; apenas de vez em quando se vê uma claridade que sai de Montjuïc.

Destroços da metralha fascista

Vou à casa da vovó[7] para ver se lhes aconteceu alguma coisa, mas por sorte estão todos vivos. Dizem que as bombas caíram em vários lugares.

Ao sair à rua vou ver os estragos que os obuses causaram na Diagonal. Há um prédio no qual faltam duas sacadas, em outro, o parapeito do terraço, e mais coisas.

Em muitas casas colam umas tiras de papel nas vidraças. No colégio também fazemos isso. Dizem que é para elas não caírem com a vibração das bombas.

Pouco tempo depois, em alguns bairros, coleta-se dinheiro para fazer refúgios subterrâneos.

Alguns já foram feitos. Em meu bairro não demorarão muito a fazê-los. O Pro-refugi organiza isso e passa pelas casas. Chega à nossa, e papai,[8] fazendo um sacrifício, concorda. Acho que é preciso pagar 68 pesetas por família.

O primeiro racionamento

Por fim, como todos queriam, racionam-se o pão, os ovos, a carne, o carvão e as batatas. Entregam-nos um carnê com as cinco cartelas correspondentes.

A falta de comida aumenta, e, onde quer que haja um pedaço de terreno para alugar, alguns ficam com ele e plantam. Isso está se estendendo e por aqui, nos dois lotes ao lado de nosso prédio, os vizinhos também começaram a plantar.

Uma libra[9] de tomates custa 1,5 peseta, um quilo de açúcar, 5 pesetas, e tudo está caríssimo.

Estou lambendo o prato. Acabo de comer uma tortilha e já não me resta pão. É horrível ter que comer quase sem pão.

Recebemos tão pouco pão...! Às segundas, quartas e sextas nos fornecem por cabeça um pãozinho de 25 gramas; cada um custa 0,25 peseta.

Um mês atrás eu pesava 44 kg e agora peso 42,5 kg.

A falta de dois produtos necessários

Embora outras coisas tenham escasseado pouco a pouco, o azeite e o sabão, não. Ainda se pode encontrar um pouco de azeite, mas em nenhum lugar se encontra sabão.

Mamãe está assustada e, tanto quanto ela, todas as mulheres.

— Eu preferiria que nos tirassem um dia de pão e nos dessem sabão — diz, sobressaltada. Eu respondo que não, que sem limpeza se pode viver, mas sem comida, não. Ela se aborrece.

Como nos restava um quilo, esta semana foi possível lavar roupa. Passamos dias assim.

O merceeiro, quando tem, nos fornece alguma barra. Até agora tínhamos encontrado lascas, mas no momento nem isso.

Dizem que o pouco que se fabrica vai para a frente de batalha e para os hospitais.

Mamãe sempre conta coisas da guerra europeia; diz que o sabão chegou a escassear tanto que eles tinham de jogar fora a roupa, e que daí vinham muitas doenças.

Partilha do pão

Estou olhando os cinco pães que fui comprar. Separo o maior: será para mamãe, é quem come mais. Digo-me que o maior dos quatro restantes será para Àngel; o outro para mim, e os outros dois, um para papai e outro para Neus.

Ela quase não come pão e papai come muito pouco. Cada um o embrulha em seu guardanapo e assim não há brigas. Temos de ir com cuidado com o pão, mas pelo menos o temos sem fazer fila.

O problema do sabão piora. No corredor temos o balde cheio de roupa suja; faz duas semanas que não lavamos.

Todo mundo fala da mesma coisa, principalmente as mulheres.

Vemos uma fila para sabão e desistimos de entrar porque está muito caro. Custa 3 pesetas o quilo. Quando vamos para casa, a vizinha nos diz que lhe teríamos feito um grande favor se tivéssemos comprado um pouco para ela.

— Agora é tarde — respondo.

A despedida de uma colega

É entediante ir à escola, todas vão indo embora menos eu. Agora Mercè Roig vem se despedir; vai para o interior por medo dos bombardeios. Todas lhe pedem o endereço. Lamentamos muito não poder ir, mas ela também lamenta muito não poder ficar conosco. Abre a porta, nos diz adeus e a fecha com um olhar triste. Todas nos fitamos e dizemos: "Que sorte ela tem!" Eu penso que ela pode encontrar a morte no lugar para onde vai; assim me consolo.

Roca, que é minha companheira de assento, diz:

— Acho que eu também vou embora.

— É? — digo, surpresa.

— Sim, menina, minha mãe se assusta muito.

— E para onde vão? — pergunto.

— Acho que iremos para uma aldeiazinha perto de Cerdanyola. Nunca estivemos lá.

Não sei o que dizer. Estou triste. Quem me dera poder ir...

O DESESPERO DE MAMÃE

Agora o gás só vem do meio-dia às 14 horas e das 19 às 20h30.

Deram-nos a cartela de carvão, de carne, de batatas, de ovos e de pão, mas por enquanto só o pão foi racionado. As outras coisas ainda se conseguem com fila. Então, a pessoa que não tem gás passa grande dificuldade. Nesse sentido, temos sorte de morar no quarto andar, porque nos andares baixos chega menos gás do que nos altos.

— Droga! — ouço mamãe dizer.

— O que foi? — pergunto.

— O que foi, como assim? O gás apagou, e a sardinha ainda não está pronta! — diz ela, alterada. — E custa oito reais a *terça*![10] Agora só me falta que ela se estrague... — continua.

— Acendemos o carvão? — sugiro.

— Não sei... com o pouco que nos resta...

— Pois então, vamos comê-la crua — digo friamente.

Chegam muitos refugiados de Madri e Málaga. Pobres crianças, fico com pena, ter que se separar de suas famílias e se afastar de seus lares... É bem triste!

No colégio e em muitos outros lugares fazem-se suéteres para eles e para os milicianos. Nós os fazemos em ponto meia.

Não parece a Catalunha. São poucas as pessoas que falam catalão. Em toda parte fala-se castelhano.

Vou me acostumar a falá-lo, porque sempre tenho que repetir as coisas.

Estou na fila do bacalhau e escuto um bate-boca.

— *A mi m'há dat la tanda aquesta dona i no em passarà al davant ningú* — diz uma.

— Fale comigo em castelhano. Não estou entendendo — diz a outra.

— *Doncs aprengui'l, que aquí som a Catalunya* — diz a primeira.

— Tinha que ser uma catalã... — retruca a segunda.

— *Ah, sí, una catalana? I vostè una refugiada que es ve a menjar el pa de nosaltres.*

— E daí, o que lhe importa?

— *Que qué m'importa? Molt m'importa.*

— *Bé, prou* — diz uma que está ouvindo —, *encara acabaríeu malament.*

E em todas as filas se ouve o mesmo, quando brigam uma catalã e uma castelhana.

É um roubo!

A tia Neus[11] vem nos dizer que lhe contaram que uma porteira da calle Lepant vende sabão a 12 pesetas o quilo. Pergunta se queremos. Mamãe diz que sim.

— Pois então — responde a tia — você vai lá e diz que tem três filhos e não tem sabão, e pede que ela lhe consiga um pouco.

Dá o endereço e vai embora.

Mamãe sugere irmos amanhã, porque já são 19 horas.

Nós nos levantamos cedo e vamos. A mulher aceita.

Continua a criminalidade do fascismo

Ouço explosões. Pulo da cama, calço as *espardenyes*,* apalpo o cabide para pegar o roupão; finalmente o encontro. Escuto as sirenes; mamãe pega Neus e, enquanto eu visto o roupão, descemos ao principal. Lolita — assim se chama a zeladora — já abriu a porta. Entramos e nos sentamos.

Papai diz que seria melhor irmos para um aposento que tenha a parede mestra. Lolita diz:

— Como queira, senhor Martorell, para mim tanto faz.

Vamos. Sonho que morri. Precisamente hoje eu devia me levantar às 5h30 para ir à fila dos ovos. Àngel teria ido às 4 horas.

Há uma garota chamada Rosita que lhe interessa e por isso ele quer ir. Sorte minha, porque do contrário teríamos que ir um dia cada um.

Pobre garoto, 14 anos e já pensa nisso.

---

* Alpercatas, *espadrilles*. A grafia em itálico é do original. (*N. da T.*)

— Você deveria pensar em outras coisas, e não nisso — digo a ele.

Depois de uma hora e 15 minutos soam as sirenes como sinal de que o perigo já passou.

Subimos e eu vou dormir.

Outra que se vai

Estou esperando que Roca chegue. Ontem ela me disse que hoje saberia se fica ou se vai. A porta se abre e ela entra.

— E então? — pergunto. Ela me olha, rindo, e diz:

— Vou na segunda-feira.

— É mesmo? — digo.

— Sim. Meu pai fica para proteger a casa, porque, se achassem que não mora ninguém, colocariam refugiados lá.

Hoje é sábado, só nos resta esta manhã.

Roca nos dá o endereço. Também lhe damos o nosso e ela vai se despedir das professoras.

Gota diz:

— Você ficou sem companheira.

Pergunto à Bardas se quer se sentar ao meu lado, já que não tem lugar fixo.

Ela aceita.

Um sacrifício para a saúde

Criou-se o exército popular regular. Convocam o alistamento da classe de 1937. De madrugada me desperta a voz: "Um...!

Dois...!" São os homens fazendo a instrução militar. De repente se veem mulheres chorando porque os filhos vão para a linha de frente ou porque não têm notícias deles.

Quando antes me diziam que a guerra era a coisa mais cruel de tudo o que existe, eu pensava que exageravam, mas agora compreendo.

Que pela inveja de um punhado de fascistas se tenha que perder tantas vidas e passar por tantos sofrimentos...

Agora toda noite devemos nos levantar; já estamos na quinta noite.

Papai decide que quando tocarem apenas as sirenes não desceremos, porque um dia, dois, três, pode-se perder a noite, mas todos, não. Por um lado penso que deveríamos descer e aguentar, por outro penso que ele tem razão.

A CRUELDADE DO FASCISMO

Hoje vieram duas vezes, às 12 e às 16 horas. Houve alguns mortos e vários feridos. Dizem que a metralha arrancou pela base o peito de uma mulher que estava amamentando o filho e lhe matou o bebê.

Um vigilante teve a cabeça cortada por completo pela metralha, e houve muitas outras desgraças.

Penso. Penso no passado, nos tempos de paz, quando a gente não tinha que sofrer pela comida nem pelos bombardeios. Que vivíamos para ser felizes, que tínhamos somente a preocupação do trabalho e de envelhecer. Agora, não, agora só pensamos que num dia qualquer pode cair uma bomba e nos matar, que ficamos sem esse ou aquele produto, que talvez percamos a guerra, que isto não tem fim, e sempre coisas desse tipo. Sinto raiva, vontade de chorar. Afundo a cara no travesseiro e choro, choro de raiva. Que vida!

Vou ficando sem amigas

Hoje, somos 13 na sala. Há um grupinho de meninas ao redor de Bardas. Eu me aproximo.

— O que aconteceu? — pergunto. Mateu me diz:

— Você deu azar. Bardas vai embora.

— É mesmo, Bardas? — pergunto, olhando-a.

— Sim, para Sant Llorenç de la Muga.

— Quando?

— No mês que vem — responde, pensativa.

Entra a professora e exclama:

— Ora, vamos, vocês sempre nessas rodinhas. ¿Qué sucede ahora?

— No próximo mês eu vou para o interior — responde Bardas.

— É? Oye, ven.

A professora lhe faz algumas perguntas e Bardas se senta.

— Vão todos vocês? — pergunto.

— Não, só eu e minha irmã. Vamos para a casa dos meus tios. Na aldeia não há escolas. Quase ninguém sabe ler — explica ela.

— Então, você será o sábio do lugar — digo.

— Preparem-se para um problema — ouço a professora dizer.

Racionam-se três produtos

Graças não sei a quem, estão racionados as batatas, o azeite e o arroz.

Vou à Casa de la Vila para que me deem as cartelas desses produtos. Há muita gente.

Vejo três filas e pergunto para que são. Uma é para os que ontem não conseguiram, e vão receber senhas para que sejam os primeiros hoje; a outra é para aqueles que serão atendidos hoje, e a outra para os que querem senha para amanhã. Entro na última.

Três horas depois, vou para casa. Não distribuirão senhas até as 12 horas.

Por que vivo?

Estou cada dia mais enjoada da vida. Agora, não tenho a ilusão de que chegue Sant Joan porque há baile na rua; nem de que chegue o domingo para ir ao cinema; nem de que chegue o dia do meu santo ou do meu aniversário; nem de que se aproxime o inverno e me façam um casaco; nem sequer de que chegue a noite para ir passear com minhas amigas. Porque sei que, quando chegar Sant Joan, não haverá baile; porque sei que no domingo tenho que entrar na fila do leite; porque sei que, quando chegar o dia do meu santo ou do meu aniversário, vai passar como qualquer outro dia; porque sei que, quando chegar o inverno, em vez de ganhar um casaco, vou usar o do inverno passado; e porque sei que, quando a noite chegar, estarei muito cansada e terei que ir dormir.

Tudo está caríssimo. Alguns preços: uma libra de uva moscatel, 1,40 peseta; uma libra da outra, 0,75 peseta; uma onça[12] de presunto, 1,50 peseta; uma onça de *butifarra** catalã, 0,90 peseta; um arenque, 0,30 peseta; um quilo de sal, 0,30 peseta; uma couve, 1 peseta; uma libra de vagens, 1,80 peseta; um quilo de cebola, 1 peseta; um pimentão dos grandes, 0,75 peseta; uma onça de manteiga, 0,85 peseta; uma onça de café, 1,20 peseta; um quilo de avelãs, 4 pesetas (um centavo a unidade); um litro de leite, 1,20 peseta; um quilo de pão, 0,90 peseta; uma libra de coelho, 7 pesetas; três onças de toucinho, 3,30 pesetas; uma libra de maçãs, de 0,70 a 1 peseta; uma libra de ervilhas, lentilhas, grãos-de-bico ou favas cozidas, 0,55 peseta; uma libra de farinha (de castanhas), 1 peseta; uma garrafa de alvejante (com água), 0,60 peseta; um quilo de arroz, 1,45 peseta (preço de xícara); um litro de azeite, 4,50 pesetas (preço de xícara); uma onça de queijo (amarelo), 1 peseta; barras de sabonete com um dedo de comprimento por meio de largura, 2,50 pesetas cada; três *mariquites*, [13] 0,25 peseta.

Um par de sapatos para mim (nº 36), 25 pesetas; uma dúzia de ovos, 18 pesetas; uma vassoura, 1,50 peseta; uma libra de mel, 2,80 pesetas; uma libra de abóbora, 0,50 peseta; uma caixa de fósforos, 10 centavos; uma vela, 0,30 peseta; um litro de vinho (de mesa), 1,50 peseta; um litro de álcool do bom, 8,50 pesetas; um quilo de feijão, 5 pesetas; cinco litros de petróleo, 5,50 pesetas; uma libra de tomates, 0,75 peseta; 1 anchova, 0,35

---

* Embutido de origem catalã, feito com carne e vísceras de porco, toucinho e pimenta. (*N. da T.*)

peseta; três onças de azeitonas, 0,55 peseta; um *magi*,[14] 0,20 peseta.

Quase tudo o que mencionei aqui se consegue com fila; portanto, quem pode desfrutar disso tem sorte.

Uma manhã na escola

As férias se aproximam. Na escola dizem que não as teremos.

Estamos algumas sentadas na sala quando alguém pergunta:

— O que vocês acham? Devemos tê-las ou não?

Uma responde:

— Claro que sim, era só o que faltava.

Diz outra:

— Pois eu acho que não, porque, com os tempos que correm, não é hora de tirar férias, não acham?

A primeira concorda.

Eu escuto e penso que tanto faz discutirmos ou não; se tivermos de tirá-las, isso acontecerá do mesmo jeito.

Estou sentada no pátio, pensando.

Agora já não posso dizer a ninguém que vou sair a tal hora, pois sei que, se ouvir alguém gritando arroz ou alvejante ou qualquer outro produto, precisarei passar as horas necessárias na fila, mesmo que tenha combinado de ir a algum lugar com alguém.

Não ter duas horinhas de liberdade é o que mais lamento.

Um pequeno efeito da fome

Hoje é o primeiro dia em que noto os efeitos da fome. Acabei de comer e é possível dizer que estou com fome. Agora já não penso, como antes, num pedaço de *roscón* ou em uns biscoitos de coco. Não. Agora penso num prato de batatas ou em duas fatias de pão com tomate.

— Tomara que a cada dia tenhamos a comida de hoje — responde papai, quando lhe digo isso.

Está certo. Tomara que a cada dia tenhamos a de hoje. Que não nos vejamos em situação pior.

Visto a jaqueta e vou para a escola, pegando às escondidas um punhado de avelãs.

Que tarde comprida! É porque desejo que ela acabe, para poder merendar.

Escuto a sineta e me levanto de um salto. A professora diz:

— Esperem. Preciso lhes dizer que este ano não teremos férias, mas só viremos na parte da manhã. Podéis salir.

É verdade. Segunda-feira seria o primeiro dia das férias, se as tivéssemos. Eu tinha esquecido. Saio da escola e vou diretamente para casa com a Mateu, como de costume.

Um bombardeio

É meia-noite. Estou no principal sentada sobre um *mundo*[15] com minha irmãzinha no colo. Ouviram-se várias explosões, mas agora parece que cessaram.

— Silêncio — diz mamãe.

Prestamos atenção e ouvimos o ruído de um avião que se aproxima. Abraço Neus com força e me encosto bem à parede. O ruído está mais forte agora. Mas passa ao largo. O ruído vai diminuindo. Ouve-se uma explosão de bomba e, depois, as baterias antiaéreas.

Passa-se um bom tempo e soam as sirenes. Subimos e nos deitamos.

Um braço me toca e escuto a voz de mamãe, que diz:

— Levante-se, são 8 horas.

— Já? — pergunto. — Eu poderia dormir mais duas horas.

— São 8, são 8 — responde mamãe, saindo.

Tomo meu café da manhã como posso e vou para a escola. Entro no pátio e Navarra me diz:

— Já soube? Caiu uma bomba no prédio de Moragues.

Fico pensativa, imaginando que, se chegou a vez dela, talvez a minha esteja se aproximando. Depois pergunto:

— E ela foi atingida?

— Não sei, só me disseram que caiu na casa dela — responde a colega, baixando os olhos.

Mais tarde ficamos sabendo que, de fato, a bomba caiu onde ela mora, mas por sorte parou nas caixas d'água, e ela e sua família estão bem.

Só houve dois feridos. Os porteiros, que dormiam no terraço.

Primeiro aniversário da guerra

Um ano![16] Um ano de guerra! Se pelo menos fosse o primeiro e o último... O ruim é que seguramente não será o último.

Parecia que não aguentaríamos um ano. Mas aguentamos. E agora nos parece que não aguentaremos outro... E talvez tenhamos que aguentar dois.

Estou na casa da vovó ouvindo rádio. Dão as notícias. Entre elas, dizem que estourou a guerra sino-japonesa, que o Japão pretende invadir a China, mas não conseguirá.

Conversamos com a tia sobre meus estudos e ela se oferece para me ensinar taquigrafia. Diz para eu pensar bem, porque são muitos os que se cansam.

Eu aceito, encantada.

— Bem, então, se você pensou bem, pode vir agora, quando vocês começarem a ter folga à tarde, às segundas, terças e quartas às 14h30. Traga a leiteira, e às 16 horas vamos buscar leite.

Saio contente da casa da vovó. Vou aprender taquigrafia, que sorte. Dizem que certas pessoas se cansam, mas eu não me cansarei.

Vou para casa.

O humor em casa

Como em muitos outros lugares, em nossa casa paira um mau humor terrível. Mamãe, preocupada com o trabalho a fazer, com o pouco que se consegue por culpa das filas e também com a escassez de comida, já que em certos dias ela não sabe o que nos dar por não haver nada e por gastar muito mais do que deveria, tem o humor e os nervos tão alterados que às vezes fica quase insuportável.

Papai sofre de colite e por causa disso desenvolveu uma anemia perniciosa, e às vezes ele tem pedras no rim. A esses males se deve uma parte de seu mau humor, mas além disso existem as consequências da guerra. Ver que a cada mês nos atrasamos um pouco mais; pois num mês ficamos sem *cuartos*[17] no dia 25, no outro no dia 20, e este mês, se continuarmos pelo mesmo caminho, lá para o dia 15 já não o teremos; isso acaba de azedar o humor dele.

Àngel, mal-humorado por passar o dia na fila, na da carne de cavalo e na do grão-de-bico; as duas começam às 4 da manhã, e no resto do tempo ele faz trabalhos que papai obriga para que avance um pouco e não esqueça o que sabe. Ficou com um gênio horrível e não se pode dizer nada a ele.

Neus só quer sair para a rua; e agora, se lhe pedirmos para que faça algo que não costumava fazer, já protesta. Sempre há brigas para que ela enxugue os talheres.

E eu, trabalhando o dia todo ou fazendo filas, a cada tarde a do leite e todas as que se apresentam, só tenho livre o instante em que vou ao banheiro, que aproveito para ler algum romance ou escrever alguma anotação; e presenciando todas as discussões em casa, com que humor vou estar?

Como se não bastasse, não chamam Neus para a escola; só encontramos vaga para ela graças a Àngel.

A fome faz perder os escrúpulos

Estou prestes a comer um prato de lentilhas. A maioria está furada; algumas não têm bicho, mas outras sim. Tiro com a colher todos os bichos que nadam. E pensar que antes, quando me davam um prato de legumes e eu encontrava um bicho, já não comia com gosto o que restava...

Agora, quem dera que houvesse mais bichos. Meu irmão mais velho não tira nem os que boiam. Às vezes você está mastigando e percebe que os esmagou, mas... Não importa, tudo vai para dentro. Mais preocupantes do que os bichos são a terra e as pedras: os bichos são macios, mas a terra é dura. E se você pensar que para conseguir essas lentilhas precisou passar parte da noite e a manhã inteira na fila, até sente mais vontade de comê-las, para não pôr todo o trabalho a perder.

Termino as lentilhas. Como meia "tortilha vegetal". São uns envelopes que custam 0,70 peseta e contêm um pó com o qual se faz a tortilha. Depois, uma xicarazinha de malte e pronto, já comi.

Uma perda

Perdemos o norte. Já fazia tempo que temíamos isso. Houve muitas baixas. Evacuou-se toda a gente que foi possível. E pensar que um dia poderemos ser nós a cair nas mãos desses criminosos...! Mas não. Não pode ser. Não só hei de ver a guerra terminada, mas ganha! Sim, me sinto otimista.

Que alegria quando ganharmos a guerra!; não sei, não compreendo, seguramente a mais forte de todas, mas... E também a tristeza de pensar em todas as vítimas, desgraças, destruições causadas para ganhá-la. Espero essa notícia, espero cada dia mais.

Quando penso naqueles tempos tão felizes... Tempos de paz! Naqueles tempos em que não precisávamos faltar à escola por causa das filas, em que não precisávamos nos preocupar com não conseguir alimentos. Eu me pergunto: esses tempos voltarão? Sim, hão de voltar. Se todo o mundo a odiasse, com um ódio muito grande, com um ódio que só pela guerra se pode sentir, porque não há nada nem ninguém que mereça um ódio como esse, a guerra não existiria, e portanto não teria começado. Mas, desgraçadamente, nem todo mundo a odeia, há gente que a deseja.

Mas, apesar disso, ela tem que acabar.

O vigésimo aniversário da revolução russa

Hoje se comemora o vigésimo aniversário da revolução soviética. Faz vinte anos que houve na Rússia a revolução que, depois de muita luta, tirou aquele povo da escravidão e da barbárie daqueles tempos. A Rússia estava muito atrasada em comparação com os demais países da Europa, mas hoje faz vinte anos que despertou, que despertou daquele sonho. Em Barcelona, como em toda a Espanha leal, comemoraram este aniversário com atos, manifestações, discursos, festivais etc.

Temos que comemorá-lo! Graças a essa revolução estamos hoje aqui. Se não fosse a ajuda que a Rússia nos prestou, há meses teríamos perdido a guerra.

Por esses dias também se celebra o aniversário da defesa heroica de Madri. Hoje faz um ano que Madri esteve a ponto de cair em poder dos fascistas, mas os milicianos se defenderam tanto quanto puderam e Madri não caiu.

Portanto, comemoram-se duas festas. Na casa da vovó, escutei vários discursos. Gostei muito de todos. E agora, em casa, penso: que alegria, que orgulho, os *soviets* que hoje podem dizer: "Eu lutei na revolução; sofri; resisti tanto quanto pude e agora, agora posso contar!"

Eu também quero poder dizer: sofri; resisti tanto quanto pude e agora, agora posso contar! E, se for necessário, também: lutei em defesa da Pátria!

Faz-se por necessidade

Até uns dias atrás recebíamos uma libra de pão por pessoa às terças, quintas e sábados. Mas um dia desses nos puseram a meia ração. Então, excetuando o caso do domingo, nos fornecem três onças de pão por dia (um pãozinho comprido de dez centavos), ou seja, uma onça por refeição, sem merendar. O que você faz com uma onça de pão por refeição? Quase nada. Esta enorme escassez de pão despertou a astúcia das pessoas, sobretudo a das mulheres.

Para ir buscar o pão, precisamos de uma cartela. Nela estão marcados os dias do mês. Quando nos entregam o pão, perfuram o dia correspondente. Se se descuidarem de perfurar algum dia, não preciso nem dizer que voltamos lá em seguida. Mas, mesmo assim, não é suficiente. Eles se descuidam tão poucas vezes! Sabem o que fazemos? Pois escutem: antes de buscar o pão, umedecemos com saliva o número que deve ser perfurado, e, como está úmido, a perfuradora não faz o buraquinho, só uma depressão; então, quando chegamos em casa, passamos a ferro a cartela dos dois lados, e aquilo fica tão dissimulado que é quase impossível notarem; depois voltamos à padaria e nesse dia temos toda a ração antiga. Mas nem sempre acontece assim, porque na padaria há duas perfuradoras: quando isso é feito com uma, dá tudo certo, mas quando é com a outra, o papel enruga demais e há vezes em que faz o buraco.

Quando o fazem com a segunda também tentamos, mas às vezes nos dizem: "Você já veio aqui!", sem notar a picardia com que retornamos.

Até hoje, só sabem desse segredo quatro pessoas e nós. A vizinha que nos deu a pista sempre diz: "Faço isso porque sei que sobra, se soubesse que o pão faltava a outra pessoa não faria, mas... assim, sim."

Nesses momentos, penso com meus botões: "Sei. Você, com a desculpa de que depois o pão vai sobrar e ser repartido entre os conhecidos, comete a falta, mas, se o tirasse de outra pessoa, seguramente também faria o mesmo."

Está muito errado, sim. Mas, quando o como, eu me digo: "Que sorte!", sem pensar se foi certo ou errado. Meu pai não sabe.

Novidade

Faz algum tempo, só se consegue leite com receita médica. Mamãe foi ao médico da Casa de la Vila e pediu uma para Neus; mas como a menina a princípio não tem nenhuma doença, o doutor viu alguns inconvenientes. Mas mamãe, depois de explicar e de mostrar a ele a boca de Neus, na qual faltam muitos dentes e os que há estão cariados, conseguiu convencê-lo.

Agora voltamos a ter meio litro de leite em casa. Fazia tantos dias que não tínhamos leite que eu quase não acredito. Neus toma este meio litro em duas vezes, metade à noite e metade pela manhã. Em certos dias vamos buscá-lo (mamãe e eu), e em outros vai uma vizinha. Às vezes, quando estou na cozinha e vejo a jarra de leite, tão branco, tão bom, não consigo resistir e tomo um gole às escondidas. Enquanto engulo, tenho a sensação de que é a primeira vez em que bebo leite. Já não me lembrava do sabor dele. Como é bom!

Neus começa a vida escolar

Começa o novo curso. Volto à escola, de manhã e à tarde. Não recebo nenhuma notícia desagradável. Muitas colegas não vêm, outras faltam muito. Entraram garotas novas. Uma delas será minha companheira de carteira. Eles me mudaram de turma, mas farei o mesmo grau: o sexto, é o último.

Ao meio-dia de hoje, quando chego em casa, Neus me diz:

— Recebemos uma carta, de mim, para ir à escola.

Rio e entro. Pergunto a mamãe:

— De que ela está falando?

— Recebemos uma carta para ela frequentar a escola — responde mamãe.

Por um lado, está contente. Neus estava matriculada há três anos, e já tem 6. Mas, por outro lado, ficar separada dela na maior parte do dia a deixa um pouco triste.

— Graças a...! — digo, mas me contenho. Desde o dia 19 de julho, a palavra "Deus" sumiu bastante da linguagem das pessoas. Temos que seguir o costume.

— Sim, já era hora — comenta mamãe, enquanto prepara a comida.

Portanto, no primeiro dia do mês Neus começará a vida escolar.

Caminho pelo Paseo de Sant Joan. Vou a Gràcia, ao mercado de Travessera, onde uma tia[18] minha é verdureira. Vou de vez em quando e ela me dá verduras, as maçãs que apodrecem, abóbora etc. É longe! Caminho com as mãos nos bolsos e a cabeça baixa.

Finalmente chego. Entro no mercado e vou até sua banca. Lá estão a tia e sua filha. Depois de me cumprimentar, a tia me atende.

Ela me dá escarolas, acelgas, abóbora, couves e um punhado de maçãs que começam a ficar passadas.

— Me dê duas pesetas — diz — e espere um instantinho que vamos buscar um cesto.

Dou as pesetas e ela se afasta.

As maçãs que me deu são daquelas ácidas. Mas tem um caixote das doces. "Não podia me dar uma?", penso, olhando-as. Devem estar ótimas! Giro a cabeça. Vamos, é uma maçã! De uma só, ela seguramente não vai sentir falta. Meto a mão no caixote e agarro uma maçã. Com uma faca que encontro por ali, descasco-a. Que delícia! Fazia tanto tempo que eu não as provava... Custam 3 pesetas a libra. "Você tem que gostar muito!", penso, limpando os lábios porque vejo minha prima se aproximar.

— Você tem sementes? — pergunto, quando ela chega.

— Sim. Tome.

E me dá um bom punhado. São de abóbora. Mamãe, Àngel e eu gostamos muito.

Afinal me despeço e vou embora. Pelo caminho, penso: "Roubei?"

Ontem acabamos as últimas acelgas.

— O que faremos para jantar? — pergunta mamãe, saindo da cozinha e entrando na sala de jantar.

Papai está sentado com a cabeça sobre as mãos e os cotovelos sobre a mesa. Àngel está lendo. Neus desenha. E eu estou escrevendo minhas anotações, fingindo que faço os deveres do colégio.

Fazemos tudo isso com a pouca luz de uma vela que há no centro da mesa. Estamos em alarme. Quando escutamos mamãe, todos levantamos a cabeça. Olhamos para ela como se não entendêssemos o que nos diz. Ainda estamos pensando: papai em suas coisas, Àngel no que o romance conta, Neus na cor com que pintará o desenho e eu recordando o que me aconteceu há seis ou sete dias.

Despertamos desses pensamentos e, analisando a frase que ela nos dirigiu, respondemos:

— Eu estava pensando nisso — diz papai, em voz baixa.

— É verdade. Não temos nada — diz Àngel.

Eu acrescento:

— Nada, não. Temos as duas escarolas. Ouvi dizer que cozidas com um pouco de alho parecem acelgas.

Depois de comentarmos um pouco mais, mamãe as põe para cozinhar. Quando estão prontas, comemos. Têm um sabor muito amargo, mas... Tudo entra quando se tem fome! Neus não gosta. Empurra o prato e, apoiando a cabeça na mesa, diz:

— Quem me dera ter um copo de leite, como antes...!

Faz alguns dias que já não temos o leite que conseguíamos com a receita. Há muito pouco, e o que há é para as crianças menores de dois anos.

— Se todo mundo sofresse como nós, certamente tudo isto já teria acabado. Mas, como a muitos não falta nada... — comenta mamãe.

É verdade. Deve-se reconhecer que existe gente que tem muito mais do que nós (assim como há gente que tem menos). Eu a entendo. Que sofrimento para uma mãe quando um filho lhe pede pão, e quem diz pão diz outros alimentos, e não poder dá-lo, ter que dizer não! Ou ver, como mamãe vê, que catamos as migalhas da mesa, descascamos com paciência as sementes de abóbora, limpamos todo o prato (com a língua), observamos com olhos arregalados as porções que papai faz com a comida, para ver quem recebe a maior, em uma frase: ver um filho passando fome! Pobres mães!

Uma alegria

Estamos todos, menos papai, sentados à mesa, prestes a começar a comer um prato de farinha de bolacha fervida, em vez de sêmola, quando chamam à porta. Neus vai abrir. Entra papai com um pacote. Todos o olhamos muito contentes. Neus pergunta:

— O que é?

Papai entra rindo. Nós nos levantamos e vamos recebê-lo. Ele deixa o pacote na mesa e diz:

— Vamos ver se vocês adivinham. Acho que não vão conseguir.

Tocamos o pacote e, entreolhando-nos, esperamos que ele nos diga.

— Abram — diz papai.

Mamãe o abre. Todos queremos ser os primeiros a ver.

— Um presunto! — grita Neus.

— Oh! — acrescenta mamãe.

Àngel e eu não dizemos nada. A emoção não nos deixa falar. Papai quebra o silêncio.

— Bom, vamos comer, que eu estou com fome...

Comemos e, enquanto isso, ele nos explica como foi a coisa.

O senhor Manuel, encarregado do lugar onde papai trabalha, vendeu a ele este presunto por 150 pesetas. Papai não o teria comprado, já que não podemos gastar tanto, se não fosse a insistência desse bom homem. Ele disse a papai que não pagasse agora, que anotasse e... deixasse para pagar depois!

O presunto está meio mole. Para ficar bom, deveria ser guardado por uns dias, mas já o comemos no almoço. Não tínhamos carne. Bom, sim, tínhamos dois arenques para os cinco.

— Que gostoso! — digo, enquanto como. Recebi um bom pedaço, embora preferisse a metade do que me deram e poder comer o dobro da quantidade de pão. Seja como for, já me servi uma boa fatia. Em outra refeição, o pão vai me faltar, digo a mim mesma.

Já temos garantida a carne por alguns dias!

O QUE ELA TEM?

Toda tarde, ao sair da escola, vou ao Clot, à casa de uma senhora, a fim de buscar leite para a vovó. Essa senhora tem uma parenta que está trabalhando numa leiteria. Por isso, consegue leite. Vende-o a 3 pesetas o litro e a vovó não pode dizer nada, porque precisa. Faz mais de um mês que está doente, de cama. Já está velha, sofre do coração e do estômago. Os alimentos que ela sempre consumia eram: leite, sopas e batata. Naturalmente, quando estes lhe faltaram, e ainda por cima com os sobressaltos dos bombardeios e tudo o mais, caiu doente.

Toda tarde, quando chego à casa da vovó, me dão um pedaço de pão com amêndoas, avelãs ou o que tiverem, e me dizem que é para merendar. Mas eu, quando chego em casa, divido o pão em cinco fatias e dou uma a cada um; faço o mesmo com o acompanhamento.

Por causa do estado da vovó, faz dias que suspendemos, a tia e eu, as aulas de taquigrafia.

Acabo de ir buscar o leite. Mamãe e Neus estão na casa da vovó. Quando chego, mamãe vai embora para fazer o jantar. Eu fico até que a tia chegue do trabalho. Neus fica porque quer. Estou sentada numa cadeira, ao pé da cama onde a vovó está deitada.

Como Neus está na sala de jantar, há um grande silêncio. Só se ouve o tique-taque do despertador. Penso. Penso na pobre vovó.

É a primeira vez que temo que a morte chegue a uma pessoa. Agora recordo o quanto ela nos amou; tudo o que nos deu e presenteou; como se conduziu bem conosco, e aquelas vezes em que a aborrecemos.

Finalmente, soa a campainha. A tia entra. Eu me despeço da vovó com um beijo. Ela recebe o beijo, tira de entre os lençois seu braço descarnado, estica-o, querendo dizer que eu me retire, e começa a chorar.

Saio à rua e me dirijo para casa pensando no que aconteceu. Por que ela quis que eu saísse e começou a chorar? Será que minha presença a deixa triste? Por quê? Não encontro resposta para nenhuma das três perguntas. Fico pensando nisso até adormecer.

Uma alcateia faminta

Sinto calafrios ao ver, quando abrem o mercado, como as pessoas entram. Estou observando. As mulheres, as crianças e os homens estavam todos apertados uns contra os outros. Só se viam cestos e bolsas no alto, levantados por um braço, pois o espaço para cada um é tão pequeno que não há lugar para o cesto ou a bolsa. Ouviam-se gritos, brigas, tudo. Quando os empregados começaram a abrir as portas, a massa de gente se lançou para a frente, os empregados pararam, e então a massa recuperou o equilíbrio que parecia ter perdido.

Por fim os empregados criaram coragem e, depois que eles abriram as trancas e saíram correndo, as pessoas se precipitaram para o mercado como lobos famintos ao verem um cabrito. Todo mundo corre, ouvem-se gritos, prantos. Em poucos instantes, já não há ninguém no portão da praça. Parece que as pessoas desapareceram por magia. Mas, sim, há uma. Ali, num canto, vejo uma moça de uns 19 anos se levantar.

Ela caiu e os outros (como faria a alcateia faminta) passaram por cima sem ajudá-la a se levantar.

Eu me aproximo, ela tem alguns arranhões e um pulso deslocado. Não é o primeiro caso. São muitas as pessoas que acabam machucadas. Ouço dizer que uma tem uma costela quebrada, outra um torcicolo que quase não a deixa mover o pescoço... e coisas assim.

Vou ver se encontro alguma coisa. Não há quase nada. Somente verdura, peixe, nabos e beterrabas. Tudo, menos estas últimas, com fila.

Passo a manhã inteira pensando na alcateia. Como ficam as pessoas quando têm fome! Cai uma e, em vez de ajudá-la, as outras lhe passam por cima, cegadas pela fome!

Seja lá o que for

Até agora vínhamos comendo arroz, sêmola, as verduras da tia, o presunto, mas acabou tudo. A tia já não tem verduras, porque para consegui-las é preciso entrar em longas filas no Born.

As beterrabas e os nabos são para as vacas e os porcos, mas as pessoas os comem mesmo assim. Hoje nós os experimentamos. Fazemos nabos e beterrabas cozidos. Em separado. Os nabos ainda passam, mas as beterrabas, suportei um pedaço que foi o primeiro.

Antes, sempre que se falava de comida e gostos, papai dizia:

— Eu gosto de tudo, menos de nabo — avisava.

Sempre que encontrava o nabo que mamãe colocava na panela ele fazia careta, mas agora... Pois é. Temos que comê-lo como prato principal.

Em todo lugar, ouve-se o mesmo: "Neste inverno... se não morrermos de fome, morreremos de frio. Ninguém vai se livrar..."

As coisas estão piores a cada dia. Pela manhã, nosso café da manhã é um prato, embora não cheio, de um mingau que vendem numas caixinhas, a 0,80 peseta cada. Utilizamos três em cada refeição. Fica claríssimo, só um pouco mais espesso do que água. Depois, vinte avelãs, e para cada um o pão que lhe cabe de sua ração.

No almoço, nabo, beterraba e abóbora, cozidos; se tivermos carne de cavalo ou congelada, que temos uma ou duas vezes por semana, fazemos com cebola e alho. Jamais gostei de alho refogado, mas agora, quem dera que houvesse mais. Depois, de sobremesa, seis avelãs.

No jantar, outra vez o pratinho de mingau e as vinte avelãs. Agora posso dizer, sem medo de mentir, que estou passando fome, assim como todos aqui em casa.

Papai já não se pesa, para não ter um aborrecimento a cada vez. Mamãe também não, mas pela roupa se vê que emagreceu. Sempre foi gorda, mas agora está ficando magra. Àngel perdeu dois quilos desde o começo da guerra. Neus pesa a mesma coisa que da última vez em que a pesei, quando ela tinha cinco anos. Eu, antes da guerra, pesava 44 kg, e agora que se passou mais de um ano estou com 41,3 kg.

Como é triste ter que se levantar da mesa com fome, a cada refeição do dia!

Ganhamos Teruel

Ganhamos Teruel! Que alegria!

Mas nem tudo é alegria. Não se pode esquecer que, para ganhá-la, muitas vidas devem ter sido perdidas e muitos homens, mutilados.

Quantas mulheres, pais e filhos não ficaram para sempre sem o marido, sem o filho ou sem o pai!

Jamais pretenderei fazer alguém entender quanto a guerra é horrível, cruel, dolorosa. Não. É impossível. Verdade, quem não passa por ela não pode compreender. Falo por experiência. Eu tinha ouvido falar muito das guerras, mas nunca havia pensado no assunto. E, se ouvisse falar muito, achava cansativo.

Por isso, não tentarei explicar a alguém que sempre viveu em paz quão horrível e cruel é a guerra.

Mas, isso sim, sempre que se falar dela eu vou criticá-la e dizer tudo o que sinto. Em uma palavra: vou odiá-la. E, se puder evitá-la, evitarei. E sempre pensarei: morra a guerra!

Natal

Chegou o Natal.[19] Mas... que diferença dos de antes, quando reinava a paz! Em casa não o celebramos, e como nós quase todo mundo. Agora, o "cardápio" mudou. Em vez de *escudella i carn d'olla,** frango, torrones e champanhe, comemos um prato de *farinetas* [20] de milho; já que as avelãs custam 20 pesetas o quilo (sem casca), temos também junça e, de sobremesa, meia laranja.

Durante toda a refeição, penso na mesma coisa. Naqueles dias, naqueles Natais, naquela felicidade, naquela alegria. Quando, quando voltarão?

Penso também nos soldados, em quanto eles devem pensar em seus lares, em suas famílias... E sem saber se voltarão a se reunir com elas...

---

* Espécie de cozido típico da Catalunha, com verduras, feijão-branco ou grão-de bico, arroz, macarrão, carnes de vitela e de porco. (*N. da T.*)

Pobres soldados! Eu ainda tenho pais, irmãos, casa, um prato na mesa e cama. Eles não têm nada disso ao seu redor.

E tudo por causa da guerra! Quando chegará o dia em que deixarei de pensar em tudo isso?, me perguntei.

Quantas e quantas coisas a guerra consegue destruir! Não somente vidas e cidades, mas até as festas mais familiares!

Boa notícia

Esta tarde um rapaz do bairro veio perguntar pelo meu irmão, que não estava. Mas ele nos deu a notícia.

Junto a outro (da rua), trabalha numa casa de instrumentos de música.

O trabalho está aumentando e o dono precisa de outro rapaz. Marcel e Joan, assim se chamam, pensaram em Àngel, pois sabiam que ele estava procurando emprego; e por isso um deles veio aqui.

Agradecemos muito o interesse, dizemos que Àngel se apresentará na loja amanhã de manhã, e o rapaz se despede.

Àngel chega. Quando recebe a boa notícia, um sorriso aparece em seus lábios e ele concorda.

Conversa sobre o salário com papai. Este lhe diz para não acertar se pagarem menos de 15 *duros*.[21] É o mínimo que um rapaz ganha quando começa a trabalhar.

Hoje é o último dia do ano. Faz muito frio. Eu me levanto.

Oh! Vejo todas as ruas cobertas de neve! Só faltava uma nevasca para aumentar ainda mais a miséria e a dor.

Àngel começa a trabalhar num dia ruim. Nevando!

Tenho que sair à rua. Piso a neve que não pisava há muitos anos.

Passam-se três dias. Nos três, neva.

Cada dia pior

A cada dia há menos coisas para comprar, e as poucas à venda estão com preços muito altos.

Um arenque vale 1,20 peseta; um quilo de farinha de milho, 7 pesetas; um quilo de azeitonas sevilhanas (não autênticas), 8 pesetas; um quilo das chamadas azeitonas mortas,[22] 4 pesetas; uma vassoura, 2,50 pesetas; um quilo de sal, 0,50 peseta; um quilo de cebola, 2,50 pesetas; uma couve-flor, 1,50 peseta; uma garrafa de alvejante (com água), 0,75 peseta; um par de sapatos (para Àngel, nº 40), 60 pesetas, o mais barato; uma dúzia de ovos, 30 pesetas; um quilo de abóbora, 4 pesetas; uma vela, 1,50 peseta; um litro de vinho (de mesa), 2,50 pesetas; uma anchova, 60 pesetas; um *magi*, de 0,25 a 0,30 peseta; um quilo de junças, de 9 a 10 pesetas; um pote de carne em conserva (russa) de dois quilos, 26 pesetas; um quilo de farinha de trigo, 10 pesetas; uma libra de salmonetes, 12 pesetas; um quilo de pão, 1 peseta; um novelo de sedalina[23] (grande), 3 pesetas; um quilo de avelãs sem casca, 20 pesetas.

Agora racionam: legumes, açúcar, sabão e carvão. Em vez de nos alegrarmos, ficamos tristes. Mau sinal quando é preciso racionar. Se fizerem o mesmo que com as batatas e o arroz, que quase não vemos, podemos ir nos despedindo de tudo o que nos racionarem agora.

Aguentaremos a guerra? Não. Se não houver uma mudança no problema da comida, quem, como nós, não puder dispor do dinheiro necessário não aguentará.

Sonho o tempo todo com o dia em que ela acabar! Mas vai levar tempo. A Itália e a Alemanha ajudam muito os rebeldes. Para nós, a única ajuda vem da Rússia e do México, mas não é assim tão grande. Ficam tão longe...

Se a França quisesse! Ah, se ela quisesse a guerra já teria acabado, mas eles têm medo, não se atrevem.

O povo faz manifestações e está disposto a nos ajudar, mas o governo vê o perigo que correria se perdêssemos e não nos dá auxílio.

Sinto gratidão pelo povo, pelos que gostariam de nos ajudar e não podem.

A SEMANA DA CRIANÇA

O dia de Reis não foi comemorado nem no ano passado nem neste. Em vez disso, comemorou-se a "semana da criança".

Esta semana fizemos festa no colégio. Observo e vejo que, mesmo havendo guerra, as crianças são as mesmas, olham os brinquedos, tocam neles e brincam com a mesma ilusão que dois anos atrás. Com a única diferença de que, antes, os brinquedos eram trazidos pelos Reis, e agora são presenteados pelos pais.

Neus volta a perguntar, como no ano passado, por que os Reis não vêm. Quando lhe dizemos que é porque há guerra e eles não podem cruzar a fronteira, ela nos encara, triste, e pergunta:

— E, quando acabar, eles voltam?

Pobres crianças! Embora não compreendam muito a guerra, também sofrem suas dores.

Não posso fazer mais

Sinto uma grande fraqueza. Estou arrumando a cama de Neus. Pelo visto, ter precisado me inclinar para prender bem o lençol no outro lado contribuiu para minha tontura. Sento-me numa cadeira; minha cabeça gira; me doem a barriga, o estômago, a cabeça; minhas mãos tremem. Quando estou de pé, muitas vezes meus joelhos se dobram; sinto-me fraca. Não é a primeira vez. É compreensível. Que alimentos eu consumo? Batatas, leite, arroz, bacalhau, ovos, sopa e muitos outros faz muitos meses que não experimento. Carne e legumes, uma ou duas vezes por mês.

Somente *farinetas*, azeitonas, junças, *farinetas*, azeitonas, junças, sempre a mesma coisa.

Antes, quando eu chegava em casa, havia algo para beliscar, agora só temos o cartucho das junças e o pote de azeitonas.

Às vezes, apanho também o que posso. Ao meio-dia, pego algumas azeitonas enquanto mamãe conversa com a vizinha, lava roupa, está no banheiro ou não está em casa (o que quase nunca acontece).

Com as junças não posso fazer isso, porque o cartucho está fechado com um cordão e eu demoraria demais. Foi papai quem o colocou, porque percebeu o que fazíamos, tanto eu como Àngel.

Quando elas ficavam numa lata era muito fácil deslizar os dedos, mas, com o cordão, já não é tanto.

Quantas vezes, ao me deitar, eu refleti, pensei e até compreendi como é feia e indecente uma ação dessas, roubar, e ainda mais em casa, roubar de meus pais, de meus irmãos, de mim mesma! Quantas vezes decidi não voltar a pegar nada, aguentar como o pessoal de casa aguenta (exceto Àngel), já que as rações de comida são iguais!

Mas não adianta, quando chego em casa tenho fome, penso nas azeitonas, minha boca se enche de água, tenho a oportunidade de mamãe não me ver, não me ocorre que é uma ação má, que estou roubando todos os de casa, e também não me ocorre que na noite da véspera havia decidido não fazer mais isso, e não posso resistir, abro o aparador, destampo o pote de azeitonas e pego um punhado.

Nesses momentos, meu coração bate mais depressa, meu pulso treme, e até comê-las não me lembro de tudo o que havia pensado.

Acho que não se pode censurar isso, é roubo, sim, mas um roubo explicável, um roubo por necessidade. Se não passasse fome, eu roubaria? Não.

Acho, também, que até o homem mais bondoso e mais honrado roubaria em caso de necessidade. Naturalmente, há quem tenha mais força de vontade do que eu, mas isso também se acaba, num caso extremo.

Dezoito meses de guerra!

Um ano e meio de guerra![24] Que tristeza, mas essa tristeza não veio sozinha. Veio acompanhada de um bombardeio terrível. Foi ao meio-dia, na hora em que as crianças saem da escola; além disso, foi o mais longo e assustador que Barcelona sofreu.

Causou muitíssimas vítimas e numerosos danos materiais.

Eu vinha saindo da escola. Quando ouvimos as bombas, Neus, Massip — uma colega de classe — e eu nos metemos numa portaria. Ouvimos o ruído de uma metralhadora. Os fascistas, além de lançar bombas, também metralham as pessoas quando voam baixo.

O ruído parou, saímos à rua e vemos um grupo de pessoas.

— Vamos? — pergunto à Massip.

Sem responder, ela se aproxima. Neus e eu a imitamos.

Uma mulher, abraçada a uma outra, exclama:

— Oh, Senhor! Se tivéssemos saído... Bem aqui na porta.

Podemos ver uma bomba cravada na pista e uma mulher que a levanta.

Em seguida chegam as autoridades e, depois de recolher a bomba, dizem que ela não explodiu.

Se tivéssemos saído da escola um minuto mais tarde... Que sorte, que sorte tivemos!

Eu só espero o dia em que possa dizer: hoje faz 18 meses que reina a paz em minha pátria. Então não haverá mais bombardeios e, portanto, tampouco mais perdas de vidas inocentes!

Civilização?

Vou à casa da tia Montserrat. Quando pode, ela nos vende laranjas, já que estas também são obtidas com grandes filas. Vejo muitos estragos na Diagonal. Chego ao Paseo de Sant Joan.

Tinham me explicado os danos que as últimas bombas causaram, mas eu jamais imaginaria o que agora presencio.

Há um prédio cuja parede dos fundos veio abaixo. Podem-se ver os apartamentos por dentro, em muitos ainda estão os móveis, os quadros pendurados... Uma árvore cortada. Mais casas caídas, das quais ainda removem escombros.

Paro. Olho e volto a olhar. E nesses momentos me pergunto: isto é civilização? eu vivo num país civilizado?

Não sei o que me acontece, e tampouco sei responder a essas perguntas.

"Se é assim" — me digo — "a palavra 'civilização' deve ter um significado diferente do que eu pensava."

Lembro que estou me dirigindo à casa da tia; retomo a marcha. E, enquanto caminho rua acima, vou me perguntando: "Isto é civilização?"

O conflito do combustível

Não há gás. Não se vende carvão, nem vegetal nem coque. Consome-se muita lenha.

Pouca comida, e ainda por cima não se pode cozinhá-la!

Mamãe está de mau humor, todas as panelas escurecidas... as bocas do fogão, a cozinha, o apartamento, tudo está negro e cheio de fumaça...

Vende-se a lenha por 5 pesetas a arroba.[25] É de pinho. Muita gente vai buscá-la no bosque. Vou comprá-la a cinco ruas de casa. Levo-a dentro de um saco, e levo o saco no ombro. Uma arroba. Paro muitas vezes para descansar. Está ventando e o cabelo me cobre a cara; as mãos estão geladas, já que de luvas não consigo segurar bem o saco; vou me curvando cada vez mais; os ombros, os dedos, o pescoço me doem. Mesmo assim, aguento; Àngel trabalha, papai não tem saúde e quando faz um esforço já passa um dia ruim; mamãe tem trabalho; Neus é pequena; só sobra eu, e faço isso de boa vontade.

Quando chego, deixo a lenha na portaria. Subo e pego uma talhadeira e um martelo. Desço de volta e me disponho a parti-la.

Sentada na calçada, em cima do saco, dou marteladas na talhadeira, que vai se cravando nas achas de lenha.

O tempo passa, o sol se esconde, as pessoas que estavam se aquecendo por ali vão sumindo, mas eu continuo, trabalhando e trabalhando. A ideia de que, enquanto eu não subir com a lenha partida, não começaremos a cozinhar as *farinetas* me faz continuar golpeando, sem dar folga ao braço, tão cansado.

Como agora não acendem as luzes da rua, quando a luz do sol se apaga não há outra para substituí-la. Fica escuro. Mas eu, trabalhando e trabalhando; às vezes a talhadeira resvala e me rasga a pele do mindinho, precisamente onde tenho um *sabañón*;[26] de vez em quando o martelo também me golpeia a mão; minhas unhas se quebram; nas mãos se cravam farpas, mas eu continuo martelando até acabar.

Então, arrancando as farpas maiores, enxugando o sangue — que vai me saindo do dedo — com o lenço, recolho a lenha e subo até em casa (cinco andares) desejando que chegue logo o dia em que não terei de passar por tantos apertos e não precisarei suar e sofrer tanto. Apesar de tudo, que não venham dias piores — penso —, pelo menos temos lenha e hoje poderemos cozinhar as *farinetas*.

O mal da especulação

A especulação torna a vida cada vez mais cara. A quem tem dinheiro para gastar, não falta nada.

Vende-se o arroz a 20 pesetas o quilo, quando o preço da xícara é de 1,50 peseta o quilo; o de farinha de trigo, a 13 pesetas, quando se pode vender, porque ela está destinada ao pão. Mas os padeiros, ou quem seja, conseguem farinha boa, vendem-na a um preço alto e em troca usam farinha ruim. Dizem que eles colocam pó de mármore para que a farinha fique branca.

Também escasseia o tabaco. Formam-se longas filas. Em troca de tabaco obtêm-se alimentos. Os homens pagam muitas pesetas por uma *paquetilla*,[27] às vezes até 300 pesetas.

Agora nos inscrevemos numa cooperativa, embora eles forneçam pouca coisa. É uma sucursal da Unió de Cooperadors de Barcelona.

Existem a do Estado, a dos ferroviários e muitas outras. Essas fornecem mais do que a anterior. Na cooperativa do Estado, nossa vizinha recebeu o seguinte lote: 4 kg de arroz; outros 4 de legumes; 6 litros de azeite (sem os tíquetes); 4 potes de carne russa de dois quilos cada um; 2 potes de leite condensado e outras coisas de que não me lembro.

Que desigualdade!

Que uns (iguais a você) tenham tanto e outros tão pouco deixa a gente desesperada.

Se o governo não der um jeito, não sei como acabará tudo isso.

Igualdade, sobretudo igualdade nesse assunto!

Muitas vezes, numa fila, me exaspero com as conversas que ouço entre mulheres.

Cada mulher tão ignorante...!

Faço um grande esforço para não sair do meu lugar, às vezes aperto os punhos, as mandíbulas, mas no final, não podendo aguentar mais, desapareço.

Quanta gente ignorante existe no mundo!

Chego até a me envergonhar de pertencer ao meu gênero. Homens assim também existem, mas muito menos. Uma diz:

— Ai, estou tão contente...!

E quando as outras perguntam o motivo, responde:

— Porque no mês que vem a guerra vai acabar. — E, ao ver a incredulidade das outras, continua: — Sim, minhas filhas, sim. Eu soube por uma pessoa que está sempre a par de tudo. — E, a meia-voz: — É um cunhado meu que trabalha no Ministério da Defesa.

— E quem vai ganhar? — pergunta uma.

— Ninguém, filha, ninguém. Os dois governos chegarão a um acordo. Assim, todo mundo fica satisfeito.

É então que, não podendo aguentar mais, eu deixo a fila do azeite. Sofro para poder sair do meio das pessoas, porque, como está chovendo, há muitos guarda-chuvas, mas eu prefiro isso a ter que escutar a ignorância dessa mulher.

Como essa conversa, ainda vou escutar muitas.

A escola Del Mar destruída

Bombas incendiárias destruíram a Escola del Mar.[28] A maravilhosa Escola del Mar! Uma das grandes joias que não só Barcelona e a Espanha tiveram, mas o mundo inteiro (em seu gênero). Eu tinha ouvido muitos elogios a ela, sobretudo à biblioteca.

Esta manhã, no colégio, a senhora diretora[29] nos falou. Combinamos de recolher dinheiro, comprar livros e levá-los até lá numa manhã, para ajudá-los a montar uma biblioteca nova, já que agora a Escola del Mar se transferiu para Montjuïc. Como dever, nos mandaram escrever uma carta aos alunos dessa escola, comunicando-lhes nosso propósito.

Escutei com interesse tudo o que a senhora diretora nos explicou.

Quando penso que o esforço de tantas pessoas e o trabalho de tanto tempo foram destruídos em poucos instantes, por bombas, me dou conta de como são injustos e criminosos os bombardeios.

Uma excursão

No sábado passado fomos — um grupo de meninas da escola — comprar os livros para a nova biblioteca da Escola del Mar. E hoje, quatro turmas, entre as quais a minha, irão a Montjuïc.

Ontem, nos avisaram que quem quisesse e pudesse estava autorizada a levar café da manhã.

Eu destino o pouco pão que tenho às três refeições principais, de modo que me dirijo à escola com as mãos nos bolsos.

Chego à porta da escola. Há um grupo de garotas. Quando me veem, aproximam-se. São quatro: Miquel, Salvador, Massipe e Paniello. Cada uma carrega um pacote. Faço um grande esforço ao ver os quatro pacotes e, um pouco mais longe, outros grupos de garotas, cada uma com seu pacotinho. Meus olhos se enchem de lágrimas, e por isso faço um grande esforço por contê-las, para que não me saltem dos olhos.

O grupo vai se aproximando, mas eu só vejo os pacotes e penso: "Todas com café da manhã, menos eu!"

Só nos separa uma distância de três passos quando Miquel grita:

— E você, não vai?

— Por que não? — pergunto, com um nó na garganta.

— Como não trouxe farnel... — mas a última palavra eu quase não escuto. Foi refreada por uma cotovelada de Paniello.

Miquel compreende o que Paniello quis dizer com a cotovelada e com o olhar que lhe dirigiu. Então pergunta:

— Você não tem nada para levar? — mais do que uma pergunta, porém, foi uma afirmação.

— Pobre menina, está sofrendo muito por não poder levar farnel — diz Salvador, muito baixinho.

Os outros grupos se aproximam. Após alguns instantes, que me parecem horas, a escola se abre.

Entramos. Esperamos uns minutos e partimos. Descemos do bonde e entramos na Escola del Mar, a de Montjuïc.

As cartas foram enviadas, mas, como o correio funciona muito mal, eles não as receberam.

Uns alunos da nova escola nos fazem as honras. Depois saímos para os jardins e os senhores professores nos dão a ordem de fazer o café da manhã.

Ao ouvi-la, todo mundo salta e grita de alegria. É tão bonito comer na montanha, no meio das árvores e das flores! Como me lembro daquelas excursões que fiz, nos tempos em que tinha comida! Todo mundo está contente, todo mundo menos eu.

Afasto-me de minhas companheiras com o coração apertado. Eu me divertiria muito. Miquel me pega pelo braço.

— Aonde você vai? — pergunta. — Venha, menina, venha. Se você não tem, nós temos. Vamos repartir, como boas irmãs.

Eu só faço olhar para ela, não sei o que dizer. Paniello acrescenta:

— Acha que permitiríamos que você ficasse sozinha, enquanto nós comemos e rimos? Você não faria o mesmo por nós?

— Então, venha — completa Salvador. — Pode ser que algum dia você faça isso por nós — diz, me empurrando para o banco que Massip escolheu.

E nos sentamos. Não consegui dizer nada. Apenas dirigi a elas um grande sorriso.

Colocam um papel em cima de minha saia. Paniello, me entregando um pedaço de carne frita, diz:

— Tome, eu peguei dois de propósito. — E, dirigindo-se às outras: — Vocês acrescentam o pão.

Salvador me dá uma fatia de pão. Miquel me dá outra. Massip coloca sobre o papel um pedaço de *butifarra* branca.

Acho isso incrível. Agradeço a todas. Não sei por onde começar a comer. Duas fatias de pão!

Finalmente como. Uma fatia é de *chusco* (o pão que dão aos soldados); a outra é de pão de fora, muito bom.

Estou agradecida.

No final, elas me dão uma tangerina.

Acabamos. Vamos ao encontro dos professores.

Pouco depois, nos despedimos dos alunos e professores da escola e vamos embora.

Essa feliz excursão me deixou emocionada.

Como foram boas as minhas colegas! Nunca vou esquecer.

Uma mudança

Coisa estranha. No final do ano nevou. E hoje, 14 de fevereiro,[30] voltou a nevar.

Dizem que é o primeiro ano em que neva duas vezes em Barcelona.

Que frio está fazendo! Eu não faria nada. Passo todas as horas que posso ao lado do fogão, aquecendo as mãos.

Meus *sabañones* estão arrebentados. Tenho ataduras em dois dedos. À noite, coçam muito. Só desejo que chegue a hora de comer e me deitar.

Estou na cama. Mamãe me chamou, mas parece que os lençóis estão grudados nos meus ombros, não consigo me levantar.

Faço um esforço e me visto.

Que frio! As vidraças estão embaçadas.

Agora lembro que, ao atravessar o Paseo de Sant Joan, vi a água das fontes congelada.

Que desgraça ter que viver com este frio! Ter que sair à rua; não poder ficar na cama pelo tempo que me apetecer; não poder comer com a fome que tenho, e tantas outras coisas...

De repente, meus pensamentos se diluem, passa pelo meu cérebro a ideia daqueles que não têm um fogo para se aquecer nem uma cama onde se abrigar.

Se há quem padece muito mais frio e fome do que eu, por que vou pensar que sou infeliz?

E assim, tanto quanto pensava antes nos dias de sofrimento que ia atravessar, agora me considero feliz quando penso nas comodidades que ainda tenho e nos pobres combatentes que não as têm.

A perda de Teruel

A imprensa dá a desagradável notícia de que perdemos Teruel. São coisas da luta, dizem. Sim. São coisas da luta. Agora ganhar, depois perder... Seja como for, isso me causou uma impressão desagradável. Tantos esforços, tantas vidas! Tudo para nada. Para ganhar uma coisa que voltamos a perder.

Os fascistas têm muito mais armamento do que nós. Duas nações o enviam para eles descaradamente.

Nós, não. Não há nenhuma nação que nos envie munições descaradamente.

O que eles mais têm são aviões. Tanto dos chamados de caça quanto dos de bombardeio.

Entre a noite passada e hoje vieram bombardear oito vezes.

As pessoas estão nervosas. A cada momento, ouço: “Escute. São as sirenes? Ai! Eu achava mesmo que elas estavam soando.” Ou então: “Silêncio. Aviões! Ai, não. Eu já os tinha escutado, filha.”

Todos ouvem sirenes e aviões a toda hora. Houve alguns mortos por ataque de coração ou de nervos. Há muitos mortos e feridos. Os hospitais estão cheios. Em muitos prédios onde caíram bombas há uma semana, ainda estão removendo os escombros. Há quem fique soterrado, e passe horas e horas sem comer, asfixiando-se. Como deve ser triste! Eu escuto, vejo tudo isso, e não consigo entender.

Será que voltarão aqueles tempos em que não tocavam sirenes nem havia bombardeios? Faço-me esta pergunta com frequência, sobretudo quando ouço as bombas e as sirenes.

Um coração destroçado

Estou sentada num banco do bonde. Em outro, não muito longe, há um velhinho. Está falando com uns senhores, soluçando.

Escuto. Fico sabendo o que se passa com ele. Tinha dois filhos e os dois foram mortos na frente de batalha. Ele trabalhava como porteiro num prédio que acaba de ser destruído por bombas. Agora não tem mais emprego. Nem família.

O homem continua chorando. Um senhor lhe pergunta se ele tem dinheiro e para onde vai. Ele diz que não tem nem um centavo, o prédio inteiro veio abaixo. Ele não estava lá. Diz também que não sabe para onde vai, que não conhece ninguém.

Os senhores com quem fala lhe dão umas cédulas.

Quero dar também, mas não tenho. Mas o homem não é feliz, nem o será nunca mais. Por mais dinheiro que tenha, seus filhos não voltarão.

"Pobre homem!" — penso. — "É isso que as guerras provocam. Como as odeio!"

O inimigo ataca com força. Tomou muitas posições no setor de Teruel.

Agora convocam os rapazes de 19 anos. Entre eles deve ir um de minha rua, chamado Pepe.[31] Dias atrás, morreu um irmão dele.[32] Sofria do coração e, entre os bombardeios e a falta de alimento, piorou e morreu. Sua mãe está desesperada. Um morto e o outro na frente de batalha.

Estou indo para a escola quando ouço que me chamam atrás de mim. Viro-me. Vejo Pepe se aproximar.

— ¡Hola! — diz, me estendendo a mão.

— ¡Hola! — respondo, fazendo o mesmo.

— ¿Cómo estás? — pergunta, porque, embora seja catalão, seus pais são castelhanos e falam a língua deles.

— Bien — respondo. — E você? ¿Y tú? Também vai lutar, não?

— Por enquanto ainda não, vamos apenas fazer o treinamento.

— Onde?

— Em Sabadell — diz ele. E, depois de uns instantes de silêncio: — Está indo para a escola? Eu também vou para lá.

Digo que sim, e empreendemos a marcha.

— Você tem medo de ir para a linha de frente? — pergunto, só para dizer alguma coisa.

— Medo? Por quê? Não gostaria de ir, mas não temo.

— Ou seja, não vai com entusiasmo?

Ele me olha e retruca:

— Vou com entusiasmo, sim, mas isso de não saber se voltarei ou se ficarei lá para sempre...

— Claro, claro. Compreendo.

— Compreende? Pois são poucas as garotas que compreendem isso.

Olho para ele, intrigada. Ele continua:

— Sobretudo aquelas cujo namorado foi para a linha de frente ou está indo agora. Dizem que um homem não deve temer a morte. E essas são aquelas que, quando o namorado vai para a batalha, se esquecem dele e, enquanto ele luta pensando nelas, ficam aqui se divertindo com outro. Como aquelas da leiteria. As três mais novas, um namorado na linha de frente e outro aqui. E a casada, um namorado aqui e um marido lá.

— Então, você deve se garantir bem.

— Eu? Não, Encarnació, não. Aqui eu só deixo familiares e amigos.

— Assim é melhor — concordo.

— Quando eu voltar, se voltar, então será outra coisa.

— Então, você poderá vigiá-la, não é? — pergunto, rindo.

— Não. Não terei que vigiá-la. Escolherei uma que não seja como as de agora.

— Se a encontrar — aviso eu.

Já cheguei à escola. Detenho-me para me despedir, quando ele me diz:

— É verdade. Se até lá você ainda não tiver se casado...

— Bom, até outro dia — digo.

— Sim, até outro dia. Mas você não me respondeu. Se não nos virmos antes de eu ir, vou lhe escrever. Saúde — diz ele, afastando-se.

— E boa sorte — respondo.

Entro na escola. Miquel já está me esperando e me dá a boa notícia de que afundamos um barco faccioso, o *Balears*. Mas eu quase não presto atenção...

São cinco da tarde. Eu e Neus vamos à cooperativa. Dizem que estão dando bacalhau. O frio diminuiu um pouco. Embora haja nuvens no céu, faz sol.

Faz duas horas que terminei de almoçar e tenho fome, muita fome!

Chegamos. Entro e dizem que me falta o carnê de sócio.

Que contrariedade ter que voltar! Atravesso a calle Marina e digo a Neus:

— Você pode ir? — Ela pensa um pouco e sai correndo.

Não me aguento. Procuro, procuro algo. Finalmente encontro... Sento-me num banco e espero. Que fome tenho!

Penso na manhã de hoje. Fui à casa da tia Montserrat e ela só me deu abóbora. Diz que não tem mais nada.

Mais nada, mas tem quatro gatos e dois cachorros. Quando cheguei, um dos dois estava comendo um prato de arroz. Quando vejo aquele prato tão cheio, tão branco...!

Esses animais se empanturrando e eu passando tanta fome. As lágrimas me enchem os olhos e descem pelas faces. Choro, choro de fome e de raiva!

Viro-me. Vejo Neus parada no meio do caminho com umas amigas, pulando corda. Vou chamá-la, mas não sei o que me impede. Levanto a cabeça. Vejo umas nuvens brancas, muito brancas. É como se um pincel coberto de neve tivesse passado pelo espaço e deixado umas pinceladas brancas.

As nuvens correm, meus pensamentos também. Estou chorando.

O tempo passa. As nuvens vão se afastando; meu espírito também se afasta.

Quero desviar os olhos, mas não posso, é como se as nuvens tivessem me hipnotizado. Como é bonito pensar!

Creio que nunca me entediaria, por mais sozinha que estivesse. Enquanto eu puder pensar...

Noto que alguém me toca. Viro-me e vejo Neus. Ela me estende o carnê.

— Já foi? — pergunto, surpresa.

— Sim! — responde ela.

Voltamos à cooperativa. Quando chego em casa, olho o relógio. Faz duas horas e catorze minutos que saí de casa. Quanto tempo passei sentada no banco, olhando aquelas pinceladas, pensando! "Em quê?", me pergunto. Mas não adianta. Não me respondo. Quase não me lembro de nada. Só sei dizer a mim mesma: "Como é bonito pensar!"

Cresce o pânico

Os bombardeios aumentam. Faz seis ou sete dias que eles vêm duas ou três vezes por dia. Hoje, porém, não foi assim. Vieram mais ou menos a cada três horas. As pessoas já não saem dos abrigos. Há quem coma e durma neles.

Nós não nos movemos do apartamento. Nestes dias, não fui à escola.

É meio-dia. Hora em que eles viriam, se continuarem fazendo isso a cada três horas.

Mamãe está costurando; Neus, encarapitada numa cadeira, olha pela janela; eu estou preparando a farinha de milho para as *farinetas*.

Escuto as sirenes, uns aviões, umas explosões, uns guinchos, uns gritos.

Vou até o quarto onde mamãe está. Ela se levantou e abriu a janela (faz-se isso para que o ar não pressione as vidraças). Neus entra. Ouvem-se mais explosões. Mais perto. Neus diz:

— Vou para a parede mestra — e sai.

Eu me encostei num armário. No solo havia um tabuleiro e coloquei um pé em cima. Esperamos. As explosões continuam. Mamãe vai dizendo em voz baixa:

— Ladrões... ladrões...

De repente, o prédio treme. Ouvimos aviões e estrondos. Mamãe se levantou. Eu, como me apoiava num só pé, perco o equilíbrio e quase caio no chão.

Neus chega correndo, dizendo:

— Venham, venham!

Vamos. Os ruídos cessaram. Mamãe se calou no ato. Eu devo estar vermelha como um tomate, porque sinto o calor nas faces.

Mas nenhuma gritou nem guinchou. O susto nos impediu.

Olhamos pela janela do meu quarto. Vemos todo mundo correndo rua acima.

Depois de pouco tempo, o perigo passa. Desço para ver o que aconteceu.

Ao lado de um prédio[33] da minha rua, separado do meu por outros três, caiu uma bomba. Vejo como removem os feridos, em macas, e os levam para as ambulâncias. Há uma garota com o rosto destroçado. Mas com eles não aconteceu nada; depois dos bombardeios, foram para Monzón. Tiram mais feridos, enquanto eu me pergunto:

"Quando chegará o dia em que se apreciará e se respeitará o valor da vida de um homem? Esse dia chegará?"

A Alemanha não se cansa de atacar e de nos destruir.

Invadiu a Áustria.[34] Foi sem derramamento de sangue, e eu penso: melhor assim. Se eles tivessem resistido, também perderiam. E, além disso, perderiam os homens.

Os jornais publicam longas notícias sobre esse fato. Dizem que houve muitos suicídios.

Estamos jantando à luz de uma vela porque há alarme, e falamos da Áustria.

— Dizem que um homem, quando soube, matou sua filha, sua mulher e depois se matou — conta mamãe.

— E, de outra família, dizem que a mulher envenenou a comida e morreram todos, o marido, a mulher, um filho e a empregada — acrescenta Àngel.

— Que coisa triste! — exclama papai.

— Se pelo menos nos deixassem ter uma arma... — diz mamãe.

— Para nos defendermos? — pergunta papai.

— Não, para nos matarmos caso eles entrem.

— Para nos matarmos? — digo eu. — Não, mamãe, não. Não quero que você me mate. Se entrarem, vou lamentar muito, mas... A vida... é a vida! — concluo, por não encontrar outro modo de concluir.

E, quando estou na cama, penso: "Nos matar? Nos matar? Que tolice! A vida... é a vida!"

Mil vítimas

Esses últimos bombardeios deixaram mil vítimas. Mil vítimas! Homens, mulheres, crianças, velhos, todos inocentes!

Os homens foram surpreendidos em seus trabalhos; as mulheres, em seus lares, preparando a comida ou cuidando dos filhos; as crianças brincando, rindo; os velhos no campo, cultivando com ilusão um pedaço de terra para poder levar umas couves à filha ou à nora. E milhares deles foram atingidos e destroçados pela metralha fascista.

Mil vítimas! Mil, sem contar os que ficaram chorando os mortos, compadecendo-se deles. Todos sem ter nada a ver com essa causa. Por que têm de assassiná-los, então? Que injustiça! Parece que não é possível, mas é.

A maior parte das horas do dia eu passo pensando nisso, nessa injustiça. A única maneira de esquecê-la um pouco é lendo.

Leio muitos romances. De Zane Grey, de G. O. Curvot, de P. B. Kine e outros. Mesmo assim, essa horrível ideia não desaparece de todo: a injustiça!

Chegou a primavera!

Já estamos na primavera. As árvores florescem; as flores brotam; as andorinhas retornam; o sol fica mais tempo no horizonte, e portanto nossa terra se aquecerá mais.

A primavera é a estação da vida, da alegria; seu clima é o mais suave; nela tudo nasce e cresce.

Já chegou, que alegria! Mas nem tudo é alegria. Não é como a daqueles anos em que não havia guerra. A guerra semeia morte e tristeza e por isso, embora a estação seja a mesma, não é tão alegre.

Quando a guerra acabar, então a primavera será alegre em todos os sentidos.

"Que chegue logo!", penso.

Faz alguns dias que, quando descemos para o recreio, não tenho vontade de brincar nem de passear.

— Está aborrecida? — com frequência me perguntam as companheiras.

Sempre nego. Então me dizem:

— Não está passando bem? — E, quando respondo que não é nada disso, insistem: — Então, o que você tem? Quer vir passear, falando sobre filmes?

— Não, garotas, não. Vão brincar. Não se preocupem comigo. Quero ficar sozinha — e me afasto.

Elas me obedecem. Eu começo a caminhar lentamente, olhando um grupo de meninas de uns 9 ou 10 anos.

Vejo a água caindo de um regador que uma das meninas segura. A água cai sobre as flores e as plantas no canteiro do qual elas cuidam com muito carinho. Depois vejo outra menina que vai tirando as folhas secas; uma que afofa a terra; uma que varre...

E os pensamentos correm; penso no carinho que essas meninas dedicam a esse pedacinho de terra. Se agora viessem os aviões e destruíssem o canteiro, as flores, as meninas? Coitadas, coitadas! E pensar que já aconteceu isso e muito mais...

Meus olhos se enchem de lágrimas. Mas lembro que estou no pátio, que o apito pode soar e que vou ter que me reunir com as amigas.

Desvio o olhar dessas meninas e o dirijo ao horizonte.

Penso em várias coisas. Penso nas injustiças, no ódio, no amor, na guerra, na paz, na morte, no mundo, no universo...

Tudo me parece um mistério incompreensível. Pousei os olhos numa flor. Passo um tempinho observando-a, tentando compreender como puderam se formar as folhas, as pétalas, essas cores tão bonitas!

Ouço o apito. Dou a volta e vou para a fila. Adoraria ficar no pátio a manhã inteira. Entre as flores! São tão bonitas...

Meu santo

Dia 25 de março. É o do meu santo, da mamãe e da vovó. Dei parabéns a cada uma.

À tarde, papai e mamãe foram às compras. Chegam e, para minha grande surpresa, me entregam um pacote. Eu o desembrulho. Um guarda-chuva!

Que alegria. Meu dia não foi tão triste como eu pensava.

Ganhei um presente. Esse presente me faz pensar em quando eu tinha presentes a cada ano.

Compraram outro para Àngel (do salário que ele recebeu).

Dias atrás a vovó me deu cinco pesetas. Quando lhe perguntei por quê, e a que vinham, respondeu que eram pelo dia do meu santo, e que me dava logo porque no final do mês certamente já não teria dinheiro.

Hoje almoçamos *farinetas* e vinte azeitonas, como sempre. Mas, como papai comprou uvas-passas, nós as comemos de sobremesa.

Ontem nos aumentaram a ração de pão. Mesmo sendo pouco, já é alguma coisa.

Agora nos fornecem 150g por pessoa por dia. Estou jantando. Olho meu pedaço de pão e penso num dia, um dia muito distante, antes do 19 de julho, em que cheguei em casa e mamãe me deu uma fatia de pão mais grossa do que eu teria desejado. Também me deu duas onças de chocolate, mas, como eu não as quis, ela me deu dez centavos. "Que sorte!", pensei, quando descia para brincar na rua. "Vou guardar os centavos, comer só o pão e assim poderei ir ao cinema no sábado, porque já tenho outros quarenta."

Ao chegar à rua, guardei a moeda no sapato e comecei a comer o pão, mas quando estava no terceiro pedaço já me sentia farta. Como era ruim o pão puro! Pensei nos conselhos e sermões da vovó, de mamãe e de papai: "Nunca jogue comida fora. Algum dia você pode se arrepender de ter feito isso." Mas eu, que não aguentava mais, joguei o pão que me restava num portal, enquanto me dizia: "Não vou me arrepender de ter jogado fora este pão. Tenho todo o que quero."

E agora me arrependo de tê-lo jogado! Se o tivesse agora... Como seria gostoso, com essas azeitonas! Ou mesmo puro!

Enfim, já está feito. Mas agora acho que nunca, nunca mais jogarei comida fora, mesmo que tenha toda a que quiser!

Como é bondosa!

É meio-dia. Ao sair do colégio, fui à casa da vovó. Quase sempre que vou lá ela me dá alguma coisa. Um biscoito, uma laranja, um punhado de avelãs ou de amêndoas, uns figos secos, uma xícara de caldo ou o que for.

Mas hoje não me dá nada. Sei que, quando isso acontece, ela sofre mais do que eu.

Dou-lhe um beijo, abro a porta do apartamento e desço. Ela fechou a porta, mas ainda não havia descido vinte degraus quando ela voltou a abri-la e me chamou. Subo e a sigo. Uma vez na cozinha, ela me diz:

— Veja, ontem deram ao seu tio uma libra de lentilhas secas, então tome — e me estende um prato de lentilhas.

— Mas... — digo. — Vai fazer falta a vocês...

— Não, filha, não — responde, enquanto pinga um pouco de azeite sobre os legumes. — Eu vou comer um pouquinho menos. Vamos, coma, que certamente faz tempo que você não as experimenta.

Eu me sento à mesa e ela me dá um pedaço de pão. Ainda nem meti a colher na boca e já me sinto salivando. Como estão gostosas! Quanta razão tem a vovó, quando diz que certamente não as experimento há tempos...

Terminei. Levo o prato à cozinha, agradeço e ela me diz:

— Viu? Assim, você poderá esperar melhor a hora da refeição. É que eu não tinha nada para lhe dar.

— Mas... A senhora não tem nenhuma obrigação de sempre me dar algo — digo, rindo.

— Não, filha, mas eu gosto de dar a vocês alguma coisa.

— Bom, obrigada. Até logo.

"Pobre vovó", penso, enquanto desço a escada. Se não puder nos dar alguma coisa, não fica tranquila. Como é bondosa! Precisa tanto de comida e se priva dela para nos dar.

Penso que talvez eu não devesse aceitar nada, mas não. Ela ficaria ofendida. Pensaria que não sabemos lhe agradecer o sacrifício que faz.

Subo para minha casa e mamãe diz:

— Você precisa ir buscar lenha. Não há gás.

Talvez seja apenas impressão, mas o caso é que a arroba de hoje não me pesa tanto quanto a de outros dias. Será que foi o pratinho de lentilhas?

A vovó me vem de novo à memória e eu penso: "Como é bondosa!"

Uma conversa

Esta manhã, na cooperativa, fornecem carne.

Depois de comer um prato de *farinetas* e vinte azeitonas, vou comprá-la.

De muito longe, já vejo um grupo de pessoas. Ao chegar, pergunto quem é o último. Um garoto me dá senha. Não vão abrir até as 9 horas. Agora devem ser 8.

Quando pego a senha, atravesso a rua e começo a caminhar pela calçada.

Minutos depois, noto que me tocam no ombro. Quando me volto, vejo minha amiga Isabel.

Nós nos cumprimentamos e ela me explica que também é sócia da cooperativa.

Conversamos um pouco, e ela me diz:

— Tenho tanta vontade de que acabe a guerra!

— Eu também! — respondo.

— Lembra quando não havia guerra? Como nos divertíamos! — E, após uns instantes de silêncio, ela acrescenta: — Às vezes passo um bom tempo pensando nisso. Quando íamos ao parque, ao cinema, ao canódromo, à feira, ao baile, à montanha, à praia... Ou mesmo que fôssemos só passear pela Gran Via, com todo aquele grupo de meninas e meninos. Como nos divertíamos! Mas agora...

— Já vai voltar, garota, vai voltar aquilo tudo — animo-a.

— Ai, não sei se vai voltar. Uns na linha de frente, outros trabalhando; você sai à rua e não encontra ninguém... Ainda por cima, minha mãe não quer que eu vá a lugar nenhum. Tem medo de que soem as sirenes enquanto eu estiver fora...

— O humor das pessoas também influi. Antes, quando nos divertíamos, não precisávamos pensar em nada. Agora, devemos pensar que muitos estão lutando, morrendo, sofrendo, passando fome... E que o dinheiro gasto numa diversão poderia ser usado em algo mais proveitoso... Enfim, não se pode fazer nada. Precisamos ter paciência. — E, depois de uma pausa, pergunto: — Pepe já foi?

— Pepe! Ah! Não, acho que ele não vai. Como trabalha na aviação, fica aqui. Mas quem já seguiu foi Jaume. Jaume Viladés. E também Paco. Ah! E o irmão de Anna Maria.

— É mesmo? — Suspiro e digo: — Se isto durar muito, acabarão indo todos.

— Pois é — diz Isabel. E, refletindo, continua: — Eles têm... 19 anos. Portanto, o próximo contingente a ser convocado será o de 18. Seu irmão ainda vai ter que ir.

— Ainda falta para isso. Ele só tem 15 anos!

— Sabe o que eu acho? — pergunta ela. — Que, se durar muito, ficaremos sem rapazes. Quando voltarem...

— Pois é — interrompo. — Quando voltarem, teremos que fazer fila.

Ela começa a rir. Ouvimos gritos na fila. Já abriram.

— Bem, garota — digo —, vamos ocupar nosso lugar, você sabe como são as mulheres.

— Quem sabe quando voltarão aqueles tempos... — diz ela, caminhando.

E, quando eu lhe digo "paciência, paciência", se detém e responde:

— Sim, sim, paciência. Mas que se acabe, senão estamos perdidas.

Isabel se coloca em seu lugar, eu no meu. Penso no que ela falou e digo a mim mesma: "Quer que a guerra termine para se divertir. Eu também sinto falta das diversões, mas pouco. Do que eu mais sinto saudades é da paz, da tranquilidade, da abundância de comida, e queria que não se perdessem tantas vidas!"

Como? E quando?

Os fascistas atacam fortemente. Estão muito perto da Catalunha. Dias atrás, empreenderam uma ofensiva e as tropas leais só fazem recuar. Os ânimos decaem.

Estou vindo da casa da vovó. Lá, escutei um discurso. Dizia que, quando o inimigo pisar a terra catalã, a Catalunha ficará em pé de guerra, que a situação é delicada, que todo mundo terá que trabalhar em dobro, que precisaremos estar todos unidos... e muitas coisas mais.

Agora é que eu temo perder. Quando ouvi que os fascistas estão prestes a entrar na Catalunha, estremeci.

Penso: e se entrassem? Quanta gente matariam! A mim, seguramente não. Dizem que deixariam as crianças com vida, mas lhes ensinariam sua religião e sua política. Que as crianças se adaptariam e esqueceriam todo o presente. Se assim for (o que eu duvido), como estão enganados!

Eu nunca esqueceria que eles são a causa da guerra e, portanto, de tudo o que acontece, e sempre, sempre os odiaria. E não acreditaria em nada do que me contassem.

Cheguei à minha rua. Vejo Neus brincando e a chamo.

Já dentro da portaria, vou dizer a ela que temo perder, que os fascistas estão muito perto... Mas uma voz me diz: "Por que você tem que amargar a felicidade dela? Por que não a deixa viver na ignorância?"

Mas não consigo, e lhe explico tudo. Ela fica pensativa e pergunta:

— Você acha?

Já chegamos em casa. Embora ela sempre se adiante para poder tocar a campainha, hoje se detém e deixa que eu toque. Está pensativa, olhando os ladrilhos.

Quando entramos, pega uma corda e começa a pular, cantarolando:

— Lá no campo de batalha / despencou um avião, / morra Franco, morra Hitler / e toda a tripulação. — Descansa uns instantes e continua cantando: — Ouço apitos e sirenes, / todos correm ao abrigo. / Jogam bombas sobre as pistas / os fascistas criminosos.

Como essas canções apareceram outras, e as crianças as aprendem e cantam com entusiasmo.

Àngel passa ao seu lado e, ao tocar a corda sem querer, faz Neus tropeçar. Ela se volta e, toda sufocada, grita para ele:

— Tonto! Animal! Fascista!

Este último insulto é novo, bem recente. Mas está na moda. Quando uma pessoa insulta outra, ele quase nunca falta.

Passo uns dias preocupada, pois os fascistas não se detêm e tomam uma aldeia após a outra.

E se antes eu me perguntava: "Quando acabará a guerra?", agora me pergunto: "Como e quando acabará a guerra?"

Já tenho 14 anos

Hoje, 31 de março de 1938, completo 14 anos. No dia em que completei 13 não estava contente como nos anteriores, mas hoje estou mais triste do que nunca.

Eu desejava que, quando chegasse o dia de hoje, já não houvesse guerra. O dia chegou, mas a paz, não.

Porém, não estou triste só por isso, mas porque nestes dias os fascistas pisaram a Catalunha e já têm Lérida.

O medo de perder se apodera de mim, cada vez mais.

Lemos nos jornais que o inimigo bombardeou Lérida intensamente e que, quando entrou, colocou metralhadoras na entrada dos abrigos e começou a metralhar crianças, mulheres e anciãos.

Que crueldade! Que crimes!

No entanto, na maioria das conversas há sempre alguém que diz:

— Não surpreende, é a guerra.

E os outros, convencidos e acreditando que, por ser uma guerra, deixa de ser algo cruel e criminoso, concordam, baixando a cabeça: "Sim, é verdade." Ou então: "Claro, claro."

Isso é ruim. Se alguém cometesse um crime semelhante, seria castigado e censurado como qualquer um merece. Mas, neste caso, não há nem castigo nem crítica. Por quê? "Porque é a guerra!" Não sabem encontrar outra resposta. E acham que, por serem coisas da guerra, podem ser perdoadas.

Quando ouço conversas desse tipo me enfureço. E gostaria de falar, fazer essas pessoas compreenderem que estão equivocadas... mas quem se atreve? Zombariam de mim e diriam que eu não sei nada dessas coisas.

Por isso, é melhor calar. "Chegará o dia em que vou poder falar", digo a mim mesma, para me consolar. A cada dia estou um pouco mais velha. Ontem, tinha 13 anos. Hoje tenho 14. No ano que vem, 15... Mas me detenho e me pergunto: "Chegarei lá?"

Sede também?

Nestes dias não vou à escola. Estão bombardeando muitíssimo. São 19 horas. Não temos eletricidade, nem gás, nem água. Esta última é o que mais nos preocupa. Sentir sede!

Eu não tinha pensado nisso até hoje. É natural, já que até hoje não tinha faltado...

Dizem que a sede é pior do que a fome.

Enquanto penso nisso, uma vizinha nos chama e diz que há água na fonte.

Pego dois baldes e desço correndo. Depois de fazer fila por um bom tempo, chega a minha vez. As pessoas estão assustadas. Uns dizem que os fascistas devem ter bombardeado a central. Outros, que já devem ter chegado... Cada um diz o que quer.

Subo para casa. Como tivemos que acender a lenha, o jantar demora a ficar pronto. Quando finalmente está pronto, jantamos à luz de uma vela. As grandes custam 1,74 peseta, e já são muito poucas.

Depois das *farinetas* e das trinta azeitonas, como já não há junças, nem nada que as substitua, vou dormir.

É o único remédio, quando se tem fome (à exceção da comida). Quando dorme, você não a sente, e o melhor é que muitas vezes eu sonho que estou comendo. Mas, quando acordo, sinto uma grande decepção. Queria voltar a dormir e continuar pensando em comida, em vez de estar acordada... Viver minha vida... Sentir a fome... Mas não pode ser, e então não durmo e olho o relógio ansiosa, esperando a hora de comer.

Quantos dias faz que, ao terminar o café da manhã, eu olho o relógio e penso nas horas que faltam para almoçar, que quando acabo de almoçar penso no tempo que falta para jantar, e que ao terminar de jantar penso no café da manhã, e assim por diante?

Com que ansiedade espero o dia em que já não pensarei nisso e já não sonharei que estou comendo, porque estarei saciada! Ah! E em que poderei beber até saciar minha sede! Porque, desde que faltou água, tenho mais sede do que nunca.

Adormeço pensando (como quase sempre) nos tempos de paz, tão distantes. Mesmo assim, ainda os trago sempre na memória e os recordo perfeitamente.

Sonhos

Esta manhã vieram a água e o gás. A eletricidade, ainda não.

Dizem que foi uma avaria. Melhor assim. Esta noite já sonhei que me encontrava num deserto e estava sedenta, e que no final aparecia um homem com um cântaro e me deixava beber. Ao sentir o frescor da água nos lábios, acordei.

Foi então que mamãe me disse que havia água desde a madrugada. Nunca bebi com tanto prazer.

Agora meus pais e eu estamos acabando de jantar. Neus já foi para cama e Àngel ainda não chegou do trabalho. Ele nunca sai pontualmente.

Estamos terminando as azeitonas quando ouvimos um rumor no quarto de Neus. Depois, um choro. Então nos levantamos e entramos no quarto. Vejo Neus falando entre soluços. Tento entender o que ela diz mas não consigo. Por fim, ouço:

— Não, não! Não quero que haja! — Nós três nos entreolhamos e esperamos. Pouco depois ela acorda, ainda chorando.

Olha para nós e, ao ver papai ao seu lado, agarra-se ao seu pescoço e começa a chorar. Depois que se acalma um pouco, perguntamos o que aconteceu, o que ela estava sonhando. Ela responde:

— Nada, nada. Sonhei que você — diz, olhando papai —, ia para a linha de frente, então veio um mouro e me perguntou se eu queria que houvesse guerra, e eu disse que não, e aí ele matou você — conclui, dirigindo-se a papai.

Passados uns dez minutos, Neus volta a dormir. Enquanto acabo de jantar, me digo:

"Pobres crianças! Embora não compreendam a guerra como os mais velhos, não deixam de odiá-la, e gritam em sonho: 'Não quero que haja!'"

Estou doente

Estou doente. Em vão procurei explicar o problema. Só posso dizer que estou doente.

Antes, era triste estar assim, mas agora é muito mais!

Antes não apareciam dificuldades se o caso não fosse grave, pois, dando leite e caldo ao doente, ele já estava bem alimentado. Mas agora, mesmo sem ser grave o caso — e não é, pois o que tenho é uma indigestão de tanto comer *farinetas* e azeitonas —, surgem muitas dificuldades porque não posso tomar nem leite nem caldo.

Tive febre dois dias, ontem quase não tinha e hoje estou melhor. Melhor da febre, mas não do sofrimento. Nestes últimos dias, por causa da febre, não tinha apetite, mas, agora que já não tenho febre, não sinto apetite, mas fome.

Hoje é o quarto dia em que não como!

Se ao meio-dia eu não tiver febre, papai prometeu que me deixará tomar um pouco de sopa (do meu pão), já que todos os dias eles foram guardando minha ração.

Como parecem longas as horas! Sem poder comer e, para piorar, sem poder ler. A única coisa que me distrai um pouco é escrever, porque, quando ninguém está vendo, pego meu caderno na gaveta e começo a escrever. Não faço isso por muito tempo, porque muitas vezes escuto ruídos e, temendo que entrem no quarto, escondo a caderneta e o lápis na cama. E, se não suspender o trabalho por esse motivo, vou ter que suspendê-lo de qualquer modo porque minha vista logo se cansa, por causa da debilidade em que me encontro.

Ontem, na cooperativa, nos coube carne. Como sofri! O cheiro da carne na brasa vinha até o meu quarto. Ouvi o ruído que eles faziam com o garfo e a faca ao cortá-la. E eu na cama, sem poder comer. Então me consolei pegando o caderno.

Papai chegou. Tomo a sopa com grande alegria. A tarde passa. A noite chega.

Estou meio adormecida. Penso em... em que vou pensar? Na guerra! Na paz!

Assim adormeço quase todas as noites. Escutando o ruído da torneira ao gotejar; o ruído do trem ao passar em frente ao prédio, parecendo dizer: "Está doente... Está doente..."; o tique-taque do relógio, tão constante; a música de um rádio distante, fraca, muito fraca; o ruído que a vizinha do andar de cima faz ao arrastar algum móvel; a guizalhada de um grilo... Tudo junto parece uma orquestra que a cada dia se encarrega de me fazer dormir, enquanto penso... Nem preciso dizer!

Vamos de mal a pior

É um sonho? Não, não, é real!

A ofensiva do inimigo é tão forte que conseguiu separar a Catalunha do resto da Espanha. "A Catalunha já não tem comunicações!" Esse é o grito das pessoas.

As manchetes do jornal só dizem: "Resistir, resistir e resistir." Ou então: "A resistência é a chave da vitória."

Formam-se divisões de voluntários.

Muitos homens vão para a linha de frente e, como há fortes combates, muitos morrem.

São muitos os que temem que os fascistas cheguem a Barcelona de uma hora para outra.

Quando penso nisso, só sei dizer: "Como seria horrível!"

Faz dois dias que me levantei e agora estou mexendo uma panela de *farinetas*. Mexo-as mais do que nunca; quero que fiquem melhores do que nunca... porque são as últimas. Foram feitas com a última farinha que tínhamos. Enquanto mexo a panela, olho o vapor que sai, como se quisesse saber onde vai parar, e fico me perguntando: "O que comeremos agora? Já não teremos farinha, as azeitonas estão acabando, e só as encontramos se entrarmos em grandes filas. O que vamos comer? O que vamos comer?"

Olho o vapor. "Você é o último" — digo-lhe. "É o último que sai das *farinetas*. Não temos mais farinha. Você voltará a sair algum dia? Poderemos de novo adquirir farinha? Creio que não. Então, o que comeremos?" O vapor parece formar uma letra "N". "Ele quer dizer nada. Quer dizer nada!", suspiro eu.

Mamãe me diz que elas já ferveram o suficiente e que posso levá-las para a mesa.

Levo-as e, depois de comer um prato, escasso, mamãe traz à mesa um prato de cenouras, cruas e fatiadas.

Ao vê-las, escapa de minha boca um sorriso amargo. Recordo o que precisei fazer para obtê-las. Depois de uma longa fila do alho, eu soube que na esquina estava chegando um saco de cenouras. Corri até lá. Enquanto corria, meu porta-moedas caiu, tive que me agachar para apanhá-lo e por pouco as pessoas não me atropelaram. Todo mundo corria para o saco de cenouras. Nem as vacas teriam sido tão selvagens quanto nós. Finalmente cheguei e, depois de discutir um tempinho com umas mulheres que queriam passar na frente, consegui um maço de cinco cenouras do tamanho de um dedo. O maço custa 1 peseta.

E agora, ao ver as cinco cenouras fatiadas, digo a mim mesma: "Quanta coisa vocês me obrigaram a fazer, míseras cenouras, ao passo que, em outros tempos, eu as teria rejeitado!"

Esta manhã, uma amiga me disse que no quartel de Carles Marx, depois de repartir a comida, os soldados distribuem o restante a quem aparecer. Combinamos que, às 19 horas, ela viria me buscar para irmos juntas.

Ela vem e partimos com uma leiteira cada uma, e com ela vão duas meninas. As crianças nos guiam e, depois de caminhar um pouco, chegamos ao quartel.

Na porta há um grupo. Ao me aproximar, percebo que quase todos os que o formam são crianças de 6 a 10 anos. Que pena elas me dão!

Uma criança que em outros tempos só pensava em brincar e rir agora tem que passar horas e horas na entrada de um quartel, esperando que, se sobrar rancho, coloquem um pouco em sua vasilha, encardida e amassada, que ela segura entre as mãozinhas frágeis e descarnadas.

Pobre criança! Tenho vontade de abraçá-la, beijá-la, sem nenhum nojo por ela estar suja e maltrapilha. O que importa se a miséria entrou em sua casa, e ela agora tem que andar suja, maltrapilha e passando fome? É uma criança pura e inocente como as outras. Merece mais beijos do que aquela que anda bem-vestida e alimentada.

Pobre criança! Que sofrimento para a mãe!

Enquanto penso nisso, minha amiga Bussons me dá uma cotovelada.

Eu me viro e vejo dois guardas de assalto se aproximarem.

Ao passarem por nós, eles se detêm e um diz:

— Vocês duas também? Ah, ah, ah! Em outros tempos, estariam passeando com o namorado, e no entanto estão aqui com seus potes. — E, virando-se para o companheiro, continua: — Não é engraçado? Ah, ah, ah! — e entram os dois no quartel.

Não sei se ele viu meu olhar; se viu, deve ter percebido a pouca graça que achei em suas palavras, e do quanto me pareceu odioso.

Farta de esperar, puxo do bolso um lápis e um papel (coisas que sempre levo comigo) e começo a desenhar. Ocorre-me desenhar um chinês. Ao fazer isso, penso neles. Pode ser que agora também haja uma chinesa que, como eu, espera rancho dos soldados e desenha um ocidental. Coitados, eles também conhecem a guerra. Mas vão ganhando terreno, ao passo que nós... Ouço o som de um clarim. As crianças me dizem que a comida vai ser distribuída.

Entra o sentinela que havia na porta até esse momento. Todos os que estamos fora fazemos o mesmo. Vemo-nos num grande pátio, onde estão reunidos todos os soldados, formando uma fila longa e retorcida.

Olho minha amiga e tenho a impressão de que ela se arrepende de ter vindo.

Passa um guarda e grita:

— Afastem-se! Afastem-se! Fora! Para trás! — E vai dizendo isso, enquanto empurra bruscamente as crianças que se aproximaram das fileiras de soldados estendendo a vasilha ou a mão.

— Como nos tratam! — comento com a Bussons. Ela não diz nada e, com olhos arregalados, segue os movimentos desse guarda.

"Como nos tratam" — penso — "com que orgulho! Tudo porque somos pobres, precisamos de vocês e suplicamos que nos deem... não lhes ocorre que poderia ser o contrário? Que vocês tivessem que nos pedir..." Vejo um soldado dar um tapa num dos menininhos que nos acompanhou.

"Como abusam das crianças, até lhes batem! Tudo porque passam fome! Não, não, não! Não pretendo voltar, não aguentaria! Antes morrer de fome! Vocês têm orgulho, mas eu tenho ainda mais!"

Estou pensando tudo isso quando passa pela minha mente esta ideia: "Por que não se poderia viver sem comer? Oh! Quantas dores e sofrimentos nos pouparíamos! Agora não estaríamos aqui, nem eu nem as crianças. Os soldados não nos maltratariam; não precisaríamos nos preocupar em obter alimentos..."

— Já distribuíram tudo — informa minha amiga. — Vamos até lá, para ver se sobrou. Acho que não, porque não há muita gente.

Chegamos e um dos menininhos nos diz, com a cara triste, olhando o chão:

— Acabou-se. Hoje não sobrou.

Busson e eu nos entreolhamos, como se quiséssemos dizer: "Eu já imaginava."

Vamos embora sem dizer palavra. Pelo caminho, falamos pouco. Chegamos em casa às 9h30.

Pelo caminho, sigo pensando: "Por que não se poderia viver sem comer?"

Quando a guerra acabar

A carência não é só dos alimentos, mas também de roupas e calçados. Umas *espardenyes* que antes custavam 0,85 peseta, agora, piores, custam 11 pesetas. Um par de sapatos para mim, 100 pesetas. A roupa também encareceu e escasseia.

Em casa, a preocupação com a comida é tanta que esquecemos o resto. Tudo o que podemos gastar é "para o banquete!", como diz papai.

Eu uso um vestido rasgado nas mangas; não podem ser consertadas, porque precisam de um remendo, mas não podemos colocá-lo, porque não temos tecido igual.

Como, por cima do vestido, uso a jaqueta, sou obrigada a não me separar dela. Assim ninguém vê os rasgões.

Cheguei ao colégio à tarde. Hoje temos ginástica. A professora nos pede que não subamos para a sala, que já fiquemos no pátio para fazer a ginástica.

Como essa notícia me afetou! Não poderei pegar a bata branca, o professor de ginástica nos fará tirar a jaqueta e os rasgões ficarão aparecendo.

Que alegria, se o professor não viesse! Mas não posso me alegrar, porque ele já chegou. Como eu esperava, a primeira coisa que diz é para tirarmos a jaqueta.

Oh! Não posso. O cotovelo me sai pelo buraco! Mas como vou dizer a ele?

Por enquanto, tento passar despercebida. As colegas me perguntam:

— Não vai tirar?

Eu, impaciente, respondo que não com a cabeça. Olho para elas. Nenhuma fez como eu. Todas usam blusas ou vestidos mais ou menos novos, mas despiram a jaqueta!

Oh! Como sou desgraçada! Jamais imaginei que uma coisa assim pudesse me fazer sofrer tanto. "Por que tenho de ser tão pobre?", me pergunto. Ou melhor: por que deve haver guerra? Quanta angústia ela provoca!

Enquanto penso nisso, o professor me diz:

— Martorell, e você? Por que não tira a jaqueta?

Não sei o que responder. Uma voz me ajuda.

— Ela não está bem, senhor García.[35]

Quem disse isso? Será que alguém sabe de meu conflito?

— Não está se sentindo bem? — pergunta o senhor García.

— Não, senhor — respondo.

— Então, não quer fazer ginástica?

— Sim, vou fazer, mas não vou tirar a jaqueta porque estou com frio.

— Está certo — diz ele, virando-se e dando ordens a umas garotas.

Como me saí bem! Não esperava. Já estava vendo o professor me obrigar a tirar a jaqueta; eu, morta de vergonha, iria tirar; dezenas de olhos se voltariam para o meu rosto e, ao descobrir meu rasgão, se cravariam ali, e não me abandonariam durante toda a ginástica; minhas colegas cochichariam...

Mas não. A voz desconhecida me salvou!

Quando chegará o dia em que poderei despir jaquetas e capotes quando quiser, porque não terei os cotovelos puídos?

Pois chegará... Quando eu for rica? Não! Chegará quando a guerra acabar!

Sobre ossos e crianças

Neus está comendo um pedacinho de coelho assado que uma vizinha lhe deu. Com que gosto ela come!

Não preciso dizer que o come tanto quanto é possível, mas, ainda assim, quando ela dá um osso por limpo, eu o pego e acabo de tirar toda a substância possível.

Em outros tempos, me diria: "Eu, limpar uns ossos de coelho quando Neus já os deu por limpos? Que substância iria encontrar? De que iria encher a barriga?"

Mas, agora, me parece a coisa mais natural. Quanto à substância, mesmo pouca, ainda encontro.

Papai está vendo. "Vai me repreender ou me aprovar?", penso. Nem uma coisa nem outra. Como se falasse consigo mesmo, ele diz:

— O que eu mais queria era um frango assado. Com quanto gosto o comeria...!

Pobre papai, se eu pudesse, mesmo que me custasse muito, daria a ele esse gosto. Mas... Não posso.

Eu também comeria um frango...

Enquanto penso nisso, alguém chama. É Àngel. A primeira notícia que nos dá é que estão convocando a classe de 1941.[36] São os rapazes que completam 18 este ano. Alguns têm 17. Dezessete anos! Ter que ir para a linha de frente aos 17 anos! Uma criança ter que conhecer os tormentos e sofrimentos do combate!

Imagino-me no campo de batalha. Vejo o fogo constante e ouço o tiroteio, as explosões das bombas.

Ali há soldados, garotos de 17 e 18 anos. Uma granada destroça o ventre de um; de outro, um tiro arranca um olho; um terceiro tem o crânio aberto por uma chuva de metralha...

Todos caíram ao solo. O da granada está se retorcendo e se arrastando. O do olho está imóvel, o olho lhe pende sobre o rosto sujo, a baba lhe escorre enquanto ele grita: "Mãe... mãe." O do crânio berra desesperadamente, diz coisas incompreensíveis...

Entre eles se levanta um rapaz (um menino de 17 anos!). Olha ao redor. O que vê deixa-o apavorado. Ao perceber o estado dos companheiros, ele se examina. Não tem nenhum ferimento. Mas, ah! o que ele vê já o fere bastante. Vira-se e vê que a tropa se aproxima. Olha bem, e vê que é a tropa inimiga. Seu impulso é levantar-se, mas não pode, tem medo, tem medo... Os gritos dos companheiros o assustam. Não sabe o que fazer.

O inimigo está chegando. Perto do garoto, bombas explodem... Granadas...

Mas ele não se move. Não sabe o que está vendo. Enlouquece. Vê os mouros diante de si; cobre o rosto com as mãos e explode em pranto.

— Mãe... — chama. — Minha mãe... Querem me matar...!

Os inimigos se aproximam. Ao ver um corpo que se move, um deles atira com o fuzil. Os tiros atravessam o peito do rapaz (do menino de 17 anos!). Ele morreu!

Morreu chamando sua mãe... Se ela o tivesse visto... Estremeço só de pensar.

Todas essas ideias me ocorreram porque estou lendo o livro *Abaixo as armas!* [37]

Estou emocionada. Parece que vivi a aparição.

Estou meio adormecida e continuo ouvindo a voz do menino que diz: "Mãe... Mãe... Querem me matar!"

Quatro horas por um quilo de batatas

Hoje, no mercado, fornecem batatas. Está cheio de gente. Tudo são filas. Filas para todo lado.

Chego às 8. Pego a senha e espero. Depois de esperar por um bom tempo que tragam as batatas, vejo que começam a atender.

Espero impaciente e, às 12 horas, me cabe meia libra por pessoa, ou seja, um quilo. Quatro horas no mercado por um quilo de batatas!

Na fila, ouvi as pessoas contarem o que comem. Uma mulher dizia que as vagens das favas e das ervilhas, cozidas, são muito boas.

Atrás de mim havia uma garota dizendo que em sua casa já estão fartos de comê-las. Outra dizia que o que ela come frequentemente é alface cozida.

— As folhas mais verdes — explica —, eu cozinho, e com as mais tenras faço salada.

Isso das vagens de favas e ervilhas eu não sabia, mas, quanto à alface, não é que não saiba, é que já provei.

A caminho de casa, vejo uma fila. Pergunto para que é, e me respondem:

— Para salsa.

"Para salsa?", repito comigo mesma. Oh! Também para salsa? Vai ver que as pessoas a cozinham e comem. Depois do que ouvi, não é impossível de acreditar.

Chego em casa. Neus abre a porta para mim e diz:

— *Touxe* batatas? É? Pois papai *touxe outa* coisa. *Pocure* adivinhar... — e, antes que eu possa pensar, acrescenta: — Ele *touxe*... farinha!

— Farinha de milho? — pergunto, contente.

— Sim. Ganhou do *patão*, lá no *tabalho* dele...

Entro na sala de jantar e eles me explicam. Papai perguntou ao senhor Manuel se ele podia lhe vender mais, porque a nossa tinha acabado. O patrão concordou.

"Que sorte!", penso. "Voltaremos a comer *farinetas*!"

Com grande alegria, esta noite mexo uma panela. Volto a ver o vapor subindo... E me pergunto para onde ele irá... mas não como da última vez. Naquele dia eu estava triste porque eram as últimas *farinetas*, agora estou contente porque voltamos a tê-las!

Um encontro e um presente

Hoje o dia está muito bom. Encontro-me na calle València esperando que chegue alguma mulher com algum saco de alguma coisa. Mas fico muito tempo e não chega ninguém. Cansada de esperar, caminho rua acima. Nem sei aonde vou. Vou olhando as vitrinas..., as portarias; de repente me detenho diante de uma. Olho-a. Mil lembranças me passam pela cabeça. "Aqui morava Bardas...", penso comigo mesma. Faz muito que não a encontro. É a melhor amiga que eu já tive...

Mas o que vejo? Ia retomando a caminhada quando me detenho. Fico um momento parada, sem falar nada. Por fim, digo:

— Olá!

— Olá — me responde Bardas, que desceu a escada e foi se aproximando. Aproxima-se um pouco mais e nos abraçamos.

— Estava... estava me esperando? — pergunta ela, confusa.

— Não. Eu nem sabia que você estava aqui. Pensei que continuasse na aldeia.

— Não.

— Para onde vai? Quer ir comigo? Estou indo buscar o pão, é logo ali.

Saímos e eu digo:

— Como você mudou! Quantos anos tem agora?

— Quinze. Já comecei a trabalhar, sabia? Como datilógrafa. Por que você nunca veio à minha casa? Pensei em você algumas vezes... Ainda frequenta a escola?

— Sim, ainda — respondo.

Continuamos um bom tempo conversando. Ela me diz o horário em que trabalha. Pede que eu vá a sua casa numa tarde dessas. Eu aceito.

— Você pode chamar Aurèlia, se quiser, e venham as duas. Aurèlia vem muito a minha casa, estou ensinando catalão a ela.

Depois de comprar o pão, conversamos um pouco mais, no portão de seu prédio, e nos afastamos.

— Você vem, não?

— Sim, garota.

— Promete? — insiste ela.

— Sim! Prometo. Já vou indo, Bardas.

— Então, até outro dia!

Saio. E eu que pensava que nunca voltaria a vê-la... Que alegria! Tomara que nossa amizade possa ser retomada.

Penso em tudo isso, enquanto caminho rua acima. Vejo um homem e duas mulheres e me aproximo. O homem vendia verduras, mas acabaram. As mulheres vão embora. Vejo no chão muitas folhas de cebola e alhos moles. Um dia desses, cozinhamos umas e, embora fiquem duras, são bastante comíveis.

Abro a bolsa que levo e começo a recolhê-las. Após um momento, vejo que uma mulher me imita. Então, de uma portaria, sai o homem que as vendia e nos diz:

— Querem isso? Posso lhes dar um saco inteiro.

— Ai! — diz a mulher. — Seria um grande favor. Não tenho nada para dar às galinhas.

— Tem onde levar? — pergunta o homem.

Ela lhe entrega a cesta.

— E eu, posso ganhar também? — pergunto.

— Sim, claro, sim! — diz ele, e pega minha bolsa.

Um momento depois, reaparece todo carregado.

— Temos que pagar alguma coisa?

— Não, não. Eu tinha até jogado fora...

— Obrigada.

Durante algumas refeições, não comemos outra coisa.

— Estão boas... — diz Neus.

— Foram presente!

Susto e dieta

Hoje os mercados voltaram a ter batatas. Vou até lá; tenho faltado muito à escola.

Depois de esperar muito numa fila, tenho que entrar em outra porque, no lugar onde estava, hoje eles não recebem batatas.

Há brigas violentas. Até pancadaria.

Temo que, no lugar onde estou agora, também não recebam batatas, porque o tempo passa e eles não trazem.

Vejo uma confusão, as filas se desmancham, as pessoas correm para as escadas...

— Sirenes! Bombardeio! Alarme! Aviões! — gritam as pessoas.

Eu, imitando-as, me meto embaixo de uma escada.

Ao ver as crianças correndo, umas chorando, outras gritando muito assustadas, outras caindo...; todo mundo correndo;

uma mulher desmaiando, e quando vão socorrê-la jogam no chão um saco de batatas e estas saem rolando, e há quem se aproveite e as recolha; o medo das pessoas...; ao ver tudo isso, sinto uma coisa estranha, e tenho vontade de começar a rir ou a chorar.

Se caíssem bombas aqui, que tremenda mortandade!

O alarme foi o que mais me impressionou. E nem ouvi barulhos, nem sequer sirenes. As pessoas gritam tanto!

Passa-se um tempo. Estou escrevendo... (Posso contar?) Um poema!

Ou melhor, quero fazê-lo, mas não vai sair. Só os poetas fazem poemas. É sobre um bombardeio. Escrevi umas quatro linhas quando vejo umas mulheres virem correndo. Estão gritando, mas, enquanto não se aproximam, não escuto o que dizem:

— Foi alarme falso! Não aconteceu nada! É mentira.

As filas logo voltam a se formar. Uns dizem que convém respeitar os lugares de antes, outros dizem que não. Como sempre, ganham estes últimos.

Entro de novo na fila. Enquanto não chega a minha vez, vou escrevendo.

Dizem que umas mulheres alarmaram as pessoas de propósito, para as filas se desmancharem e, na volta, elas serem as primeiras.

Depois de muito esperar, consigo as batatas. Chego em casa cansadíssima e com muita dor nos pés. O mais triste, porém: com muita fome.

É triste, porque... que jantar!

Como primeiro prato, salada de alface; como segundo, alface cozida; e, como terceiro, a meia fatia de pão que cada um pode comer, untada com "azeite branco" (como diz Neus), ou seja, água e um pouco de açúcar por cima, porque nos resta muito pouco.

Fico com tanta fome!

Cansada, apoio a cabeça nas mãos e fecho os olhos. O que vejo? Ainda vejo as pessoas correndo, as crianças caindo por causa de um alarme falso!

A fome é má conselheira

Agora, na escola, fazemos trabalho intensivo, ou seja, entramos às 9 da manhã e terminamos às 13 horas.

Esse horário faz com que muitas tragam algo para comer no meio da manhã, quando descemos para o recreio.

Que desigualdade!

Umas trazem um grande pedaço de pão e, no meio, uma tortilha; outras, pão com carne; enfim, todo tipo de alimento. Já eu e, assim como eu, algumas outras, não trazemos nada.

Creio que a cada dia minha fome aumenta, e que, quando puder comer tudo o que quiser (se é que esse dia vai chegar), ficarei muitas horas devorando comida antes de me considerar saciada.

Esta tarde estou sozinha em casa. Sozinha com minha fome.

Papai e Àngel estão no trabalho. Neus foi brincar na casa de uma menina. E mamãe foi tratar de um assunto muito delicado. Trata-se de falsificar uma cartela do pão. É um procedimento usado há meses, mas nós nunca o adotamos porque papai sempre se opôs. Agora também se opõe, mas mamãe o fará às escondidas.

— Estou cansada de passar fome — diz mamãe, com frequência. — Vamos todos ter uma anemia da qual não sairemos vivos. Se fornecessem mais comida, ninguém faria isso, mas, como nos obrigam a passar fome enquanto eles se empanturram, as pessoas fazem essas coisas. Afinal, não prejudicaríamos ninguém. E mesmo que fosse o caso! Não podem nos fazer passar tanta fome!

Quando ouço papai e mamãe discutindo esse assunto, em vão busco quem tem razão. Papai tem, porque falsificar uma cartela é burlar a lei; além disso, porque... não queremos que haja igualdade? E que se faça justiça? Então, se queremos isso, devemos colaborar e contribuir para que isso aconteça. Portanto, quando falsificamos cartelas de racionamento, o que fazemos é ir contra aquilo que queremos e exigimos.

Isso eu vejo com clareza, mas, quando ouço mamãe, também a entendo. Ou seja, entendo que quem é bom demais é bobo. Que em poucos meses iremos todos para o cemitério, se, para não burlar a lei, tivermos que nos alimentar com o que nos dão. Que uma mãe, ao ver seus filhos passarem fome, não pode compreender que deva ser assim e, despertando seu instinto, diz: "Meus filhos não devem passar fome. Seja como for, eles têm que comer." Então se lança a qualquer coisa, sem saber o que faz, sem outro pensamento além de seus filhos e da fome, e segue os conselhos da fome. E esta é tão má conselheira...!

Por isso, por mais que eu pense, nunca posso saber quem tem razão. "A teoria é tão diferente da prática!", penso, quando recordo o que dizem os dois. Papai representa a teoria e mamãe, a prática.

Quando às vezes opino que papai tem razão, acho que preciso deixar de fazer isso, porque penso:

"E você? Não sabe que não se deve furtar nada? Por que furtava junças e avelãs, quando havia? Por que um dia desses, quando estava sozinha, pegou farinha de milho e fritou um sonho para comer? Por quê?"

E, com tantas perguntas, só sei me responder: "Que má conselheira é a fome!"

Prato do dia

Em todo lugar, escuto o mesmo.

Nas filas, na escola, na rua, em casa... Todos falam do mesmo: da linha de frente, dos bombardeios, da escassez de comida.

Parece que no mundo não existe outra coisa.

Eu, quando alguém me pergunta: "De que falaram?", respondo: "De que você queria que falassem? Do prato do dia: a frente de batalha, as bombas, a fome."

Hoje eu me propus comprovar isso. E não falhou.

Na padaria, uma mulher descrevia tudo o que seu filho precisou enfrentar para poder escapar do exército faccioso, pois havia caído prisioneiro. Contou que ele se jogou no rio e teve que atravessá-lo nadando; que passou toda a noite completamente nu; que agora ele está no hospital e não aguenta a dor... e muitas coisas mais.

Em outros pontos da fila, queixavam-se do pouco pão que nos cabe, e de que vem muito cru...

Quando consegui o pão, ao subir a escada encontrei um grupo de vizinhas que falavam do último bombardeio em La Barceloneta. Diziam que as bombas tinham destruído um hospital, deixando grande número de vítimas...

Depois tive que ir à cooperativa para perguntar se nos cabia alguma coisa. Só nos deram sal, um pacote de 1 quilo, que custa 1 peseta.

Enquanto esperava minha vez, ouvi uma mulher dizendo às outras que onde ela mora, em frente a um mercado, faz tempo que as pessoas fazem fila desde a madrugada para conseguir umas folhas de brócolis.

— E às vezes — continuou dizendo — a carroça das folhas não chega até o meio-dia. Mas as pessoas não saem dali... e isso mesmo as folhas não sendo macias ou bonitas. Estão amarelas e murchas... Pode acreditar: antes, não iríamos querê-las nem para os coelhos!

— Pois é, e agora fazemos isso... — disse uma que escutava.

— Agora, não — interrompeu a primeira. — Há muito tempo que se faz. Lembra-se daqueles dias de neve? Naquela época já se fazia. Mesmo nevando, as pessoas esperavam, encostadas à parede, a carroça das folhas...

Outros fragmentos de conversa que pude escutar: um tratava de uma mãe que não tinha nenhuma notícia do filho, desde que ele foi para a frente; outro, que uma das bombas lançadas esta noite havia destruído a casa de uma mulher; e o resto comentava a pouca comida e a muita fome.

Meu teste não falhou. É natural que, havendo guerra, se fale de suas consequências, mas isso chega a me entediar. Sempre falando da mesma coisa, sempre!

Não há ninguém que saiba se desviar desses assuntos. É muito entediante!

O que as pessoas ganham, falando sempre a mesma coisa?

Se eu fosse romancista... Que romances poderia escrever?

Assim, desesperada com o comportamento das pessoas, chego em casa.

Mas o desespero desaparece à força, quando vejo o jantar que temos. Consta de uma rodela de cenoura e oito rodelas de alcachofra para cada um, e o pedacinho de pão que cada um pode comer.

Esqueço todas as minhas preocupações sobre o que as pessoas dizem. Só penso na fome que tenho e no pouco que há para jantar.

De repente, ao me lembrar de tudo o que disse a mim mesma esta tarde, me pergunto: "E você? Por que se preocupa com que não haja comida? Por que não pensa em outras coisas? Será que não vê mais nada no mundo afora isso? Por que se queixa das pessoas que têm sempre a mesma preocupação, se você agora faz igual?"

Na hora, não sei o que me responder, mas depois me digo: "Mas eu, pelo menos, me preocupo calada." As pessoas fazem isso gritando! Se todo mundo se calasse, você sofreria apenas uma dor: a sua. Agora, ao contrário, além de sofrer a sua, você tem que escutar a de todos os que encontra.

Triste realidade

Cheguei da casa da vovó. Ela está muito preocupada porque teme que convoquem seu filho.[38]

Subo a escada de casa imaginando o que teremos hoje para jantar. *Farinetas?* Já não temos farinha. Sopa? Nem pensar, se fizéssemos sopa não poderíamos comer pão (o assunto de mamãe quanto à cartela já está resolvido, mas não poderemos usá-la até daqui a alguns dias).

Estou pensando nisso quando, três degraus acima, vejo uma coisa. Subo depressa e a pego. Que decepção. Pensei que fosse uma avelã, mas é uma casca.

Largo a casca e me volto. Será que alguém me viu? Que vergonha, se assim fosse!

Mas, por sorte, não há ninguém.

Termino de subir a escada e toco a campainha de casa. Ainda pensando no que haverá para jantar.

O que é isso tão verde que vejo no meu prato?

Num primeiro momento, me pareceu uma meada de fios verdes mergulhada em água.

"Que coisa tão verde!", penso, enquanto me aproximo.

Alguém me informa que é uma erva que custa 2,50 pesetas o quilo.

Começo a comer e... Que gosto! E eu que esperava encontrar o sabor de outras ervas que já tinha comido!

Tem um gosto amargo, áspero, forte, de carbureto e não sei mais o quê.

Dando uma mordida no pão a cada colherada, consigo chegar a seis. Com a fome que tenho! Até corri por uma avelã. Mas isto aqui, não posso, não posso!

— Não quero mais — digo, afastando o prato —, senão vou vomitar.

Achei que iam se espantar porque deixei a comida, mas não se surpreenderam.

— Eu também deixei — admite mamãe. — Não lhe dissemos porque você podia não notar.

— Eu também não quis — diz minha irmãzinha.

— Pois eu, sim — diz papai. — É muito ruim. Muito ruim. Mas eu... comi.

Hoje há um extra. Toucinho.

Como um pouco, com igual quantidade de pão, e... já jantei!

Com que fome me meto na cama!

Parece que nunca tive tanta como hoje.

Depois de um bom tempo, adormeço. Só sonho com comida. Mesas cheias de alimentos; fornos cheios de pão; que papai traz um saco de batatas; que vou à casa de uma duquesa e vejo, sofrendo, tudo o que comem. Por fim, ela vê que tenho fome e me serve um prato de arroz guisado, uma tortilha de três ovos e todo o pão que eu quiser. Mas, quando me sento na cadeira, esta se parte ao meio e e eu caio no chão.

Acordo e, infelizmente, descubro que estava sonhando.

Olho o relógio: são 4 horas. Em vão tento dormir de novo. A fome não deixa.

"Que lástima!" — me digo. — "É tão bom sonhar! Já que você não vê essas coisas na realidade, pelo menos que possa vê-las em sonho..."

Não adianta, não consigo adormecer.

Pois então, já que não posso sonhar dormindo, vou sonhar acordada. E, das 5 às 7 horas, penso em aventuras imaginárias que sempre, como é natural, acabam me empanturrando como a um leão faminto.

Mas, lamentavelmente, isso também se acaba e tenho que voltar à realidade. A triste realidade!

Sobre o futuro

Hoje é o primeiro dia que usamos a cartela do pão que mamãe conseguiu de forma ilegal.

Vou à padaria e, depois de muita fila, obtenho as cinco rações de pão.

"Hoje tive sorte" — penso —, "quando saí me deram um pequeno acréscimo."

Sempre que entra esse acréscimo, eu o como, por isso acho que tive sorte.

Quando já dobrei a esquina, tiro o pedaço de pão da bolsa e me disponho a comê-lo. Já ia metê-lo na boca quando noto que me tocam o braço e ouço uma voz dizendo:

— Pode me dar um pedaço de pão?

Viro-me, surpreendida, e vejo um menino de uns 9 anos. Usa umas calças arrastando, uma camisa toda puída e está magro, muito magro. Quando olho a cara dele, vejo uns olhos muito fundos e uma boca meio aberta.

— Ainda não comi nada hoje — diz ele, estendendo uma mão suja e descarnada.

Não hesito e deixo sobre a mãozinha o pedaço de pão que estive prestes a meter na boca.

— Tome — digo.

Enquanto ele pega o pão, vejo que em seus lábios se desenha um sorriso. Diz um "obrigado" que eu quase não escuto e sai correndo.

Mil ideias e pensamentos passam pela minha cabeça em poucos momentos.

Primeiro: "Será que ele me enganou?" Mas em seguida: "Não! Via-se que ele tinha fome, e sua alegria ao ter nas mãos um pedaço de pão!"

Imagino a mãe dele. Saberá que o filho pede pão às pessoas? Pobre mãe! Se o visse...

Pode ser que eu também venha a ter filhos e que então também haja guerra e eles passem fome como este menino... Ou até pior.

Oh! É horroroso isso das guerras.

E pensar que essa não acaba, e, quando acabar, pode vir outra, e outra, e sempre poderão vir mais, porque sempre haverá homens invejosos, cruéis e ignorantes!

Guerra, guerra! Como soará em meus ouvidos essa palavra no resto da minha vida? Não sei. Não posso descrever... Só sei que, quando a ouvir, me lembrarei da coisa pior, mais criminosa, mais bárbara, mais desumana que pode existir.

Meus pensamentos vão mudando. Agora penso se vou me casar. Talvez me case com um mutilado, ou quem sabe com um que agora está lutando na frente, ou ainda com um fascista... mas não, não! Com um fascista nunca!

"Se você gostar dele" — me diz uma voz interior —, "não vai olhar se é fascista ou não."

"Mas eu jamais poderia gostar de um fascista. De um causador da guerra", respondo a mim mesma.

"Nunca se pode dizer desta água não beberei", insiste a voz.

"Chega. Não quero pensar mais nesse assunto."

Continuo pensando em como será o homem destinado a se casar comigo.

Imagino tipos diferentes. Louros, morenos, escuros, altos, baixos, magros, gordos, de olhos azuis, de olhos negros... De repente me ocorre uma ideia que me faz esboçar um sorriso.

Imaginei que meu marido será... um negro!

"Que bobagem" — me digo — "pensar que vou me casar com um negro." Mas depois: "E por que não? — me pergunto. — Um negro não é um homem como os outros?

Entre as diversas raças, eu pertenço à branca, mas por isso vou me sentir superior à negra, pelo simples fato de que a pele deles tenha outra cor?

Um negro não pode ser honrado e bom, e me amar tanto quanto um branco? Então, por que me parece uma tolice a ideia de poder me casar com um deles?

Já cheguei em casa, mas me detenho. Quero esclarecer minhas ideias. E faço isso. Acabo pensando que, se um negro gostasse de mim, fosse bom e sobretudo odiasse a guerra, eu poderia amá-lo tanto quanto poderia amar um branco, e ninguém teria o direito de impedir nosso casamento.

Nada de diferenças de raças!

A CULPA É DA GUERRA

Estou vindo da casa da tia Montserrat. Fui vê-la porque está muito doente.

Encontro-me no Paseo de Sant Joan quando ouço ruídos de aviões e, em seguida, fortes explosões. Os automóveis param, os homens olham para o alto, as mulheres correm, as crianças gritam. Eu entro na primeira casa que encontro. É uma padaria. A fila inteira que havia também entrou. A loja está abarrotada e todo mundo grita.

Como estou cansada e o ar abafado do estabelecimento me deixa tonta, me encosto a uma parede para não cair.

Estou nessa posição quando ouço ali perto alguém chorando. Viro-me e vejo um menino de uns 8 anos cobrindo as mãos com o rosto. Eu me aproximo e digo:

— Por que você está chorando? Não tenha medo, esses barulhos são das baterias antiaéreas.

— Não — responde ele, em prantos. — É que minha mãe está trabalhando... E minha irmãzinha está sozinha na cama, e... deve ter ficado muito assustada.

— É muito pequena? — pergunto.

Ele diz que sim com a cabeça e responde:

— Tem 3 anos...

— E por que você não vai para casa, se ela está sozinha?

— Porque as mulheres disseram que quem sair vai perder a vez... E não temos pão para o almoço. Além disso... tenho medo de ir.

— Vocês não têm nada para o almoço? — pergunto.

— Só alface — responde ele, olhando para o chão.

Passam-se uns instantes. As pessoas gritam. Ouvem-se ruídos. O menino volta a chorar.

— Não chore, garoto, não chore — digo, para confortá-lo.

— É que minha irmãzinha vai se assustar muito. Um dia ela teve um ataque.

— Pois então, vá — aconselho. — Mora muito longe?

— Não — responde. — Na Diagonal.

— Quer que eu vá com você, já que está com medo?

Primeiro parece que ele vai dizer sim, mas depois se detém e pergunta:

— E o pão?

— Faça como achar melhor, mas, se vocês têm alface, pcdem comê-la e vir buscar o pão à tarde. Além disso, se acontecer alguma coisa com sua irmã, sua mãe pode repreendê-lo.

A lembrança da irmãzinha faz com que ele se decida.

— Então, vamos — diz, pegando minha mão.

Saímos. Do lado de fora, os ruídos são muito mais fortes do que dentro da loja.

O menino me guia e logo me encontro diante de uma portaria. Ele diz que é a sua.

— Obrigado — diz. — Agora não tenho mais medo. Meu pai, quando me escreve, sempre diz que é valente. Eu também quero ser.

— Quando lhe escreve...?

— Sim. Ele está na frente de batalha. Bom, adeus e obrigado.

Abre a porta e eu o vejo subir correndo a escada.

Os ruídos agora são mais distantes e espaçados. Vou para casa.

Penso naquela família. Enquanto o pai está na linha de frente, a mãe no trabalho, a menina na cama e o menino na fila do pão, aparecem uns aviões para assassinar as pessoas. Talvez para fazer essa menina ter um ataque. Para fazer o pobre menino da fila sofrer de medo e de preocupação com a irmã. Para fazer com que essa tarde, quando chegar cansada do trabalho, a mãe não encontre pão e alface, mas só alface...

E se fosse só esse o dano causado por esses aviões...!

Chego em casa.

— Amanhã você vai ter que faltar à escola — me diz mamãe, depois do jantar. — Eu devia ter ido à cooperativa, mas, com o bombardeio, não pude. Então, vai você amanhã.

Papai, ao ver como me agradam pouco as palavras de mamãe, me diz:

— Lamento muito que você tenha de perder tantas aulas. Mas, filha, antes de tudo vem a comida.

Mais um dia que faltarei à escola! E eu que pretendia ir amanhã...

Um dia por uma coisa, outro dia por outra, já faz quatro dias que não vou. Depois, quando eu tiver 15 anos e sair da escola, eles vão reclamar que não sei nada. Se não vou à escola, se não me ensinam, como posso aprender?

Estou muito aborrecida. Vou para o meu quarto. Encontro Neus escrevendo. Eu me aproximo e olho o que ela faz.

— Onde você está escrevendo? — grito, arrancando-lhe das mãos minha caderneta.

Todas as páginas riscadas. Com o papel caro como está!

É a gota d'água. Puxo a caderneta e começo a chorar em cima do travesseiro.

Não posso ir à escola! Neus me estropia o papel, tão difícil de conseguir...!

Mas aos poucos vai passando meu aborrecimento com o pessoal de casa.

Por acaso eles têm culpa se eu não posso ir à escola? Se não vou amanhã, é porque houve os bombardeios. Eles são os culpados por isso?

Não! A culpa é... da guerra. Da maldita guerra!

Como a guerra é desumana!

O governo convoca as classes de 1926 e 1925. São os homens que têm 33 e 34 anos.

O irmão de mamãe tem 34.

A vovó está desesperada.

— Vão matá-lo — diz, sempre que fala dele.

O tio tem que se apresentar daqui a uns dias. Vai se apresentar no Canòdrom del Guinardó. Dali, seguramente será levado a alguma aldeiazinha para fazer a instrução preliminar. E, quando a concluir, à linha de frente.

Esta tarde vou ver a vovó. Levo para ela uma ração de pão. Das cinco que temos "extra", cedemos uma.

Encontro-a costurando.

— Veja — me diz, mostrando a peça. — Estou reforçando os botões da roupa que vão fazê-lo usar para matá-lo.

Continuamos conversando. Eu tento mudar de assunto, mas a cada momento ela fala do filho; da triste sorte que o espera; de que, se matarem seu filho, ela morrerá...

Peguei o jornal de hoje. A vovó vai preparar na cozinha o triste jantar para ela e a tia. Leio as manchetes. Mas quase não atento para o que dizem. Penso: se o tio morresse... Já não poderíamos ter vivido a guerra sem que nos faltasse um membro da família.

De repente, meus olhos leem: "O inimigo sofreu grandes baixas." Em outra parte: "Nossos aviadores bombardearam com grande eficácia as posições rebeldes." Um pouco mais à direita: "No setor X, a artilharia antiaérea derrubou um Z, ficando carbonizado o piloto italiano."*

Esses três pontos não me passam despercebidos como os anteriores. Muito pelo contrário. Dedico a eles toda a minha atenção, pois creio que estão relacionados com meus pensamentos.

Escrevem com letras grandes, como se fosse uma grande obra que muitos homens obrigados pela lei tenham morrido horrivelmente em suas trincheiras; que uns aviões tenham bombardeado umas posições obtendo bons resultados, ou seja, causando grandes danos e estragos; que um piloto tenha sido

---

* Em castelhano, no original. (*N. do E. espanhol*)

carbonizado! E isso, por quê? Será que esses homens, pelo fato de lutarem no lado contrário, deixam de ser homens, ou que suas vidas perdem o valor? A vida de um leal não vale tanto quanto a de um italiano? Então, por que se alegram por ele ter morrido carbonizado? Como a guerra é desumana!

Todos os combatentes mortos e o piloto italiano devem ter mães, filhos ou esposas que os choram; assim como nós choraríamos o tio, se ele tivesse má sorte...

Despeço-me da vovó. Afasto-me de sua casa, mas não das palavras do jornal.

"Será que" — me digo pelo caminho — "os jornalistas que escreveram aquilo não sabiam o que faziam, ou será que não têm coração?"

Não! É que a guerra os transformou em... (e como não faria isso?)... desumanos!

A MORTE

Esta tarde vovó, mamãe e eu vamos ver tia Montserrat. Ela está muito mal. Um médico diz que seria preciso operá-la; outro, que não vale a pena. Hoje deve ir a um terceiro.

A vovó está muito triste, pois se aproxima o dia em que seu filho vai partir. Pelo caminho, vai dizendo a mamãe:

— Nunca mais veremos seu irmão. Ouça o que estou dizendo!

Chegamos a Travessera. Caminhamos um pouco mais e nos vemos diante de uma escada pequena, escura, suja, cheia de crianças jogando cartas. Depois de pedir licença três ou quatro vezes, conseguimos passar. Os degraus são estreitos e estão desbeiçados, mas o que se destaca mais são as manchas e a sujeira. Uma espessa camada de poeira recobre o corrimão de ferro.

Depois de subir dois andares, batemos na primeira porta, com sua aldraba descascada.

Logo ouvimos os cachorros latindo. Eu paro de olhar a porta e me fixo numa janela que dá para a parte de trás do prédio. Sei que, antes de abrirem, vão se passar muitos minutos.

Os cães continuam latindo. Ouvem-se passos, gritos, portas que se fecham. Já prenderam os cachorros. Os passos se aproximam. A porta se abre.

A primeira saudação é:

— Entrem depressa, para os gatos não escapulirem.

Assim fazemos. Minha prima, quando perguntamos como vai a tia, responde:

— Mal. Estamos esperando o médico. Podem passar.

Entramos. Fico horrorizada ao ver a tia. Quase não fala, mas quando o faz parece uma menininha quando começa a construir frases.

Fala-se um pouco do tio.

— Ele nasceu vestido?* — pergunta a tia à vovó.

— Sim — responde esta. E, depois de alguns instantes: — Já preparei para ele.

Acho esse diálogo tão estranho que olho para mamãe, como se a interrogasse.

Ela faz um movimento com a cabeça como se dissesse: "Deixe-as falar."

---

* Em português, a expressão corrente é "nascer empelicado", ou seja, com a cabeça envolta no âmnio materno. (*N. da T.*)

Mas, pouco depois, recordo que a gente ignorante acredita que a membrana que nos envolve quando nascemos traz boa sorte. Isso se confirma quando ouço a tia dizer:

— Pois então, não tenha medo, boba. Eu sempre faço a menina — refere-se à minha prima — usá-lo costurado ao porta-moedas. — Em seguida, acrescenta: — Um dia, caiu uma bomba no Born. Já sabe, não? Nem a roçou.

Nota-se que, quando fala, ela sofre. Detém-se em cada palavra para descansar e respirar. A vovó adverte:

— Não fale tanto, que não lhe convém.

Chamam à porta. Montserrat, depois de trancar novamente os cachorros, vai abrir. Entra o médico que elas esperavam. A visita é curta.

Quando termina, ele vai à cozinha lavar as mãos. Atrás dele vão vovó, Montserrat e mamãe.

Fico sozinha no quarto. Bom, sozinha não, já que há dois cachorros e quatro gatos.

Levanto-me de onde estava e sento na cadeira que fica ao lado da cama.

— Me dê sua mão...

Eu dou. Minha tia a segura. Respira pesadamente, dizendo: "Aaaai..." Olho para ela. Sempre foi magra, mas, como hoje, nunca.

Tem os olhos semicerrados. A boca meio aberta. As faces parecem afundadas, ou talvez ela as chupe.

Olho a mão que está sobre a minha. É longa, quase o dobro da minha, pálida. "Como estou gorda!", penso inevitavelmente, ao comparar uma mão com a outra. Se, na minha, a parte mais larga dos dedos é a que fica entre os nós, na dela é ao contrário. A parte mais larga são as articulações. Em seus braços, meio nus, parece que só há osso, pele e veias.

Estou observando a tia, que parece moribunda, quando ouço um ruído atrás de mim. É o cachorro, farejando a bolsa que trouxemos. Meu primeiro impulso é apanhá-la, mas me detenho. O cão se voltou de repente, rosnou e me cravou os olhos, mostrando as presas.

Como me lembro de que na bolsa não há nada comestível, decido não a tocar.

Com o rosnado do cão, veio outro. Os gatos, até então distantes, também se aproximam. São dois pretos, um cinzento e um angorá branco.

Encontro-me rodeada por seis animais e observada por 12 olhos.

A tia vê isso e diz:

— Não tenha medo... — e me agarra a mão.

Eu a retiraria de bom grado, mas não me movo.

Fico ouvindo a voz do médico, embora não entenda o que ele diz.

A pressão da tia em minha mão me faz voltar a cabeça. Ela comenta:

— Estão dizendo que eu vou morrer.

— Não, que é isso, não.

— Sim, eu sei.

Essas palavras me fazem pensar na morte. Primeiro na dela, mas em seguida na minha.

Que coisa tão estranha a morte! É algo em que quase nunca penso (minha morte).

Se o faço alguma vez, como agora, rechaço logo a ideia. "Sim, eu vou morrer, é certo. Mas quando? Daqui a muitos dias! Daqui a muitos anos! O que eu ganho pensando nisso? Seja como for, vai chegar..."

A tia me diz:

— Vá escutar o que eles estão falando... — e retira a mão.

De início não sei o que fazer, mas depois decido ir, ainda que seja apenas para evitar lhe dizer não.

Levanto-me e, passando por entre os animais, vou até a cozinha. Ouço o que o médico diz:

— Já sabem. O mais provável é que ela dure três ou quatro dias...

Quando digo à vovó por que vim à cozinha, ela responde:

— Já vamos, já vamos.

Retorno ao quarto e digo à tia:

— A vovó estava perguntando ao médico o que fazer com uma dor que ela tem...

Ela nega com a cabeça e diz:

— Não me engane, menina.

— Não estou enganando a senhora, tia...

Para minha sorte, entram todos. O médico se despede dizendo à tia que é questão de paciência. Atrás dele, saímos nós.

Pelo caminho, penso no que disseram sobre a sorte do tio.

Que ignorância! O que tem a ver com a sorte de um combatente isso de levar um pedacinho de pele junto ao corpo? Se fosse garantido que, levando-a, ele não perderia a vida, se todos os soldados a levassem, tanto de um lado como de outro, não morreria um só homem. Que ignorância!

Ainda assim, minha irritação contra as pessoas ignorantes desaparece ao recordar uma. Quando a recordo, tenho a sensação de ver uma pessoa a quem chegou aquilo, aquilo em que nunca quero pensar: a morte!

Uma vizinha me pergunta se queremos milho. É muito caro, mas como não se encontra mais barato, compramos 6 kg, que nos custam 90 pesetas.

O preço das coisas aumenta sem parar. Antes, um quilo de farinha de milho custava uns 50 centavos; hoje custa 15 pesetas.

Há quem pague o açúcar a 30 pesetas o quilo, quando antes ele valia 0,85 peseta. A vovó compra malte, já que não há café, a 75 pesetas o quilo. Também se vendem ovos a 45 pesetas a dúzia, e arroz a 20 pesetas o quilo.

Leio o capítulo 25 do meu caderno e não posso evitar rir um pouquinho. Quem me dera tê-las, aquelas coisas! Na época eram caríssimas, mas agora seriam um presente. Leio: "Um litro de vinho, 1,50 peseta; uma onça de café, 1,20 peseta; um quilo de avelãs, 4 pesetas (agora, pagamos 16 pesetas). Um par de sapatos para mim, 25 pesetas (agora custam de 100 a 120 pesetas). Uma dúzia de ovos, 18 pesetas."

Quem iria me dizer então, quando eu escrevia a frase "tudo está caríssimo", que os preços aumentariam da maneira como aumentaram? E quem pode me dizer hoje que, daqui a algum tempo, esses preços que anoto agora não serão relativamente baratos, comparados com os que vêm por aí?

Eu não estranharia que acontecesse algo assim, já que os preços aumentam de maneira incrível, e o fim da guerra não parece estar próximo.

Esta manhã fui à casa da vovó, onde me disseram que a tia Montserrat está melhor. A notícia me surpreendeu, pois eu a acreditava morta.

Também me disseram que morreu um dos gatos dela. Quando contei em casa, papai retrucou:

— Que pena não terem nos avisado! Poderíamos assá-lo como um coelho... E ficaria ótimo!

Dizem que o gato é bom para comer. Então, eu não me importaria de comer um, como disse papai.

Amanhã, sábado 18 de junho, o chefe do Governo vai falar a todos os espanhóis.

Há quem pense que ele dirá que nos rendemos; outros, que é preciso resistir.

Eu faço parte destes últimos. E não só penso assim, mas também desejo.

Render-nos? Depois de perder tantos homens, depois de sofrer tanto?

Deixar que os fascistas mandem em nós, que nos escravizem?

Perder a independência, deixar que os estrangeiros entrem e se transformem nos patrões da Espanha? Nunca! Eu amo a paz, mas também a pátria.

E a frase que vejo escrita nas paredes, nas ruas, repito-a para mim mesma: "Melhor morrer de pé do que viver de joelhos."

Meu tio vai à guerra

Chegou o dia em que o tio deve se apresentar. Terminamos de almoçar e vamos nos despedir dele na casa da vovó, desesperada. Depois de muitos preparativos, chega a hora da despedida.

Primeiro ele se despede da vovó. Esta o aperta com força contra o peito, como se não quisesse deixá-lo ir, e, meio chorando, diz:

— Vão matá-lo, meu filho, não o verei de novo. Você sabe o dia em que vai, mas não o dia em que voltará...

Por fim, deixa-o ir e fica chorando numa cadeira.

Ele se despede das duas irmãs (a tia e mamãe). As duas choram. Depois, de papai. E, por último, de nós três.

Eu tinha me disposto a não chorar, mas, quando noto seus braços trêmulos estreitando meu corpo, quando vejo seus olhos azuis e esbarro com seu olhar triste; quando ele me dá um beijo na face, talvez o último, sinto que meus olhos se enchem de lágrimas e tenho que virar a cabeça.

Depois de se despedir de todos e de nos prometer que escreverá sempre que puder, ele abre a porta do apartamento para ir embora. Já se dispõe a sair quando a vovó grita:

— Enric! Meu filho! Não vá, não me deixe...

O tio se detém. Vê todos nós consolando a vovó, baixa a cabeça e se vai.

"Com que ânimo ele deve estar partindo!", não posso evitar me dizer a meia-voz.

Saímos todos para a varanda e dizemos adeus ao tio, enquanto ele se afasta.

E, à medida que vai diminuindo de tamanho por entre as árvores da rua, lágrimas me caem pelas faces e eu digo a mim mesma: "A vovó tem razão. Ele sabe quando vai, mas não quando voltará."

Abrem-se as cantinas escolares

Um dia destes, depois de escutar no rádio o discurso do presidente Negrín[39] (que disse, como eu desejava: "Resistir!"), fui à casa de minha amiga Anna Bardas. Ela me deu a notícia de que estava prevista a abertura das cantinas escolares. Tinha sabido por seu pai.

Com grande alegria de minha parte, hoje se abrem as cantinas, e todos os estudantes ficamos para almoçar. Tivemos que trazer pratos, talheres e um copo.

Na escola já temos refeitório, porque antes, em tempos de paz, a cantina já funcionava; mas, como no refeitório não cabemos todos, os mais novos comerão em suas salas.

Doña Annita, a senhora diretora, sobe esta manhã à nossa turma para nos falar. As encarregadas de botar e tirar as mesas do refeitório grande serão as cozinheiras, e as que farão isso nas mesas das salas onde se comerá serão as *menageres.*[40] Serão escolhidas as meninas maiores da escola e estas vão trabalhar como *menageres.*

Entre outras, eu também fui escolhida.

Em cada classe de menores (há oito) que se transforma em refeitório colocam três *menageres.*

As turmas são de quarenta crianças e uma professora.

Estou contente com o lugar que me atribuem.

A turma onde devo servir se chama *Classe Orenetes.* A professora, simpática e muito jovem, é Josefina Asensio. As crianças têm de 5 a 7 anos e são todas muito travessas, mas adoráveis.

As mesas que servem para escrever durante a aula, cobertas com as toalhas, servem para comer na hora do almoço.

Em cada uma (seis mesas individuais, unidas) cabem seis crianças. Entre elas, depois de fazer o trabalho, nós nos sentamos.

Em minha mesa tenho três meninos e duas meninas.

Todos estão contentes. Da porta, olho satisfeita a sala. Dá gosto vê-la! A brancura das toalhas; dos pratos dos uniformes das crianças; o brilho dos copos, todos da mesma cor; a cor laranja das cortinas que há nas amplas janelas; as quarenta cabecinhas que se agitam sem parar; o vapor que sai dos pratos, que as cozinheiras vão servindo; a cor dourada do pãozinho que cada criança tem diante do prato; os gritos de alegria que todos dão; as francas risadas de alvoroço... Resumindo, que emoção essa visão me produz!

Como primeiro prato nos dão *escudella* com batata, vagem, grão-de-bico, macarrão e arroz. Como segundo, carne russa com vagem. E, de sobremesa, duas ameixas. Além disso, um pãozinho que deve pesar 75 g.

Estou comendo as ameixas, junto com um pouco de pão, mas me levanto para servir água a uma menina. Quando volto a me sentar para continuar comendo, sinto falta do pedaço de pão. Ainda estou duvidando se o comi ou não quando o menino ao meu lado diz:

— Peguei seu pão.

Olho surpresa para o menino, que deve ter 6 anos. Esperava que ele risse, mas não, está sério e me encara.

— Por quê? — pergunto, surpreendida pela confissão.

— Porque estava com mais fome. Era só um pedacinho... — responde ele, com total naturalidade.

Em vez de me aborrecer, o tom em que o garotinho fala me diverte e me provoca admiração. Olho para ele, sorrio e ele faz o mesmo, erguendo a vista.

— Aquele menino guardou o pão! — me diz uma das meninas, apontando outra mesa.

Pergunto ao acusado e ele me responde que o guardou para a mãe, que teve tifo e passa muita fome.

Pobre criança! Sacrifica o pão para dá-lo à sua mãe.

Tenho ordens de que cada criança coma seu pãozinho, mas digo que ele pode guardar metade. Não tenho coragem de fazê-lo comer tudo e destruir a felicidade que ele seguramente sente ao guardá-lo para a mãe.

Depois de comer, tiramos as mesas. As cozinheiras lavam os pratos e os talheres. Nós três secamos tudo e guardamos no armário. Varremos a sala e saímos.

Não preciso dizer que gostei muito do almoço, porém me agradou ainda mais o aspecto da sala na hora de comer.

Estou na cama e, com os olhos semicerrados, ainda tenho a impressão de ver a brancura das toalhas e de ouvir as risadas das crianças, das quais hoje tenho a sensação de gostar mais do que nunca.

Verão e inocência

Chegou o verão, a estação mais quente do ano. Embora não chegue com a alegria que eu desejaria, nem por isso deixo de estar contente. Gosto muito desta estação.

Dias atrás recebemos uma carta de uns parentes distantes que temos em Mont-roig (Tarragona).

Na carta eles nos dizem para ir buscar comida, pois, numa carta anterior que lhes escrevemos, explicávamos o problema dos alimentos em nossa casa.

Nossos parentes têm terras e criam aves.

Tempos atrás, uns primos de lá vieram passar uns dias em nossa casa. Papai e mamãe estiveram uma vez em Mont-roig, mas nós três, nunca.

Depois de muito falar do assunto nestes dias, combinamos que vão mamãe e Àngel. Viajam esta tarde no trem das 17h30. Hoje é quinta-feira e eles voltam no domingo (se não lhes acontecer nada).

São 9 horas da manhã. Como Neus e eu não iremos almoçar em casa e só voltaremos no meio da tarde, já nos despedimos agora, para o caso de não dar tempo de nos vermos.

A última frase que mamãe me diz é:

— Tenha paciência com Neus.

Descemos e saímos para a rua. Depois de caminhar uns passos, olho para a janela do meu quarto. Tal como esperava, vejo a cabeça de mamãe. Observo bem. Ela está chorando. "Por que chora?", logo me pergunto.

Seguramente está pensando que vai nos deixar por uns dias, ou então que pode morrer na viagem.

Essa ideia me impressiona.

— Me conte alguma coisa!

A frase me faz lembrar que tenho Neus ao meu lado.

"E eu lá estou disposta a lhe contar alguma coisa?", suspiro para mim. Mas a frase "Tenha paciência com Neus" me faz decidir agradá-la.

Peço-lhe que me diga os dias da semana. Ela responde certo. Depois, os meses do ano. Ela esquece abril. Em seguida, digo:

— E as estações?

— Não sei o que é isso — responde.

— Não sabe?

Ela pensa e, instantes depois, grita:

— Ah, sim, já sei! — e segura minha mão, toda contente. — Tinha esquecido. As estações são o lugar para onde os trens vão. Para onde irão mamãe e Àngel — diz, satisfeita por ter lembrado.

Achei tão engraçado! Ri bastante, pensando: "Como não vou ter paciência com esta criatura?"

Uma tarde

Como sinto falta de mamãe!

Não que eu não possa fazer tudo, porque a cada dia o trabalho fica resolvido, mas tenho saudade dela...

Estava tão acostumada a que ela nunca saísse de Barcelona que tenho a sensação de que está muito longe. E, afinal, está em Tarragona.

Desde anteontem, dia em que ela viajou, não tenho ido à escola. Neus vai sozinha. Tenho que banhá-la e penteá-la todo dia.

Por sorte, a frase de mamãe e o firme propósito de cumpri-la me ajudam muito. Se não fosse isso, eu já teria perdido a paciência mais de uma vez. Como Neus é teimosa!

Aproveito um momento livre para escrever estas linhas.

São 13 horas! Já arrumei o apartamento e as sopas estão cozinhando.

Se não tivéssemos o pão que mamãe conseguiu a mais, não sei o que comeríamos!

Papai já soube. No começo ficou gritando, dizendo que iam metê-lo na prisão, que aquilo tinha sido muito errado, que merecíamos que descobrissem... Mas depois, ao ver todo dia em casa o pão de quatro rações, foi se acalmando, e agora não diz mais nada.

Por isso podemos fazer sopas. Como a vida muda tendo-se mais pão!

Podemos comer sopas; pão com azeite (se tivermos azeite) ou com vinho; pão com avelãs, se houver, ou então pão torrado.

Entretanto, tendo pouco você só pode comê-lo de uma maneira.

Agora que mamãe e Àngel não estão, eu posso comer quase todo o pão que quiser. Como eles não estão, das outras coisas também vamos melhor. Ontem, na cooperativa de uma senhora que deixa as cartelas conosco, nos deram batatas, carne, arenques e açúcar. Das quatro coisas, a carne e os arenques foram para nós. O resto para ela.

A carne, em vez de dividi-la em cinco partes, dividimos em três, assim como os arenques. Por isso, posso dizer que quase não passo fome.

Agora que falei da cooperativa, vou contar uma coisa que me aconteceu ontem, quando estive lá.

Dos diferentes carnês e cartelas que levei, perdi o de racionamento. A angústia que passei quando percebi, já em casa, ninguém imagina.

O que mais me preocupava era que o carnê não era nosso.

"Com o dinheiro que hoje custa um carnê!", me dizia.

Depois que me convenci de que ele não estava entre os papéis, aquele foi um dos momentos em que mais senti falta de mamãe. Se ela estivesse aqui, eu lhe contaria tudo e, mesmo que se aborrecesse, ela mesma se encarregaria de contar a papai.

Mas, como mamãe não estava... eu tive que contar. Como sofria por um carnê!

Papai, depois de praguejar contra mim e contra o carnê, disse que hoje de manhã — porque ontem já escurecera — iríamos à cooperativa para ver se o tinham encontrado.

Foi o que fizemos. A caminho da cooperativa, meu coração não cabia no peito, fiquei amarela (papai me disse mais tarde) e quase sem voz, as pernas não me aguentavam...

Finalmente chegamos e nos devolveram o carnê perdido. Que alegria quando vi em minhas mãos aquele pedaço de papelão, sem o qual você não pode comer nada!

O carnê tinha ficado em cima de uma mesa e um empregado o guardou.

Já contei o fato que tanto me abalou.

Ai, minhas sopas estão fervendo.

Um dia feliz

Hoje fui à escola. Mamãe e Àngel deviam voltar ontem ou hoje.

Estou na aula, colorindo um mapa que fica pior do que nunca.

Estou nervosa e espero com impaciência que toquem a campainha, para poder sair.

"Será que mamãe está em casa?", me pergunto a manhã inteira. Tomara!

Por fim, tocam o sinal e vou à sala/refeitório a fim de pôr as mesas.

Precisamente hoje que eu queria sair cedo, as crianças ficam um tempo sentadas à mesa e o almoço não chega.

Para os minutos passarem mais depressa, começo a ler um romance que a tia Neus deixou comigo.

Estou lendo quando a professora Josefina, a dos menores, me pergunta:

— O que você está lendo?

Eu me levanto e lhe dou o romance. Intitula-se *Eva* e é do escritor Carles Soldevila.

— Eu já li! — exclama ela, ao ver o título.

Depois de folheá-lo um pouco, me diz, sem me olhar:

— Muito bonito, mas... Acho... Acho que é um pouco forte para você.

E logo se apressa a dizer:

— Mas tudo bem, se você conseguir entendê-lo... É um bom romance.

Trazem a comida. Como muito depressa.

Termino logo o trabalho e vou para casa com Neus.

Quando chamo à porta, presto atenção ao ruído dos passos para ver se é mamãe. Embora esperasse que ela me abrisse, tomo um susto quando a vejo!

Está despenteada, meio vestida e amarela.

Diz que estava na cama porque não se sente nada bem.

Àngel também está de cama.

A viagem foi pesada, porque na ida tiveram que caminhar muito. E, na volta, mesmo de trem, vinham muito carregados.

Trouxeram quatro litros de azeite. Um saco de batatas e cebolas. Uma maleta de tomates e maçãs. Uma bolsa de arroz e outra de lentilhas. Algumas avelãs. Vinho e pimentões. Uma caçarola de coelho assado e mais algumas coisas.

Mamãe conta que em Mont-roig querem que vamos todos em agosto, porque é a temporada da uva. Como eu gostaria de ir!

Esta noite nos empanturramos de verdade. Fiquei farta, como há anos não ficava.

Comemos batatas, vagens (que eles também trouxeram), salada de tomate, coelho assado, maçãs e avelãs. Tudo isso junto com o pão que queríamos.

"Como é bom viver!", me digo enquanto me alimento.

Parece mentira o quanto a vida muda.

Antes, a mesma vida de agora era triste. Agora, só porque se pode comer mais, que boa ela é!

Dois anos!

18 de julho.[41] Como recordo este dia, um ano atrás!

E como o recordo, há dois anos!

Dois anos de guerra.

Dois anos de crimes, de privações, de sofrimento, de dor, de tristeza...

Essa data ficará marcada para mim!

Sempre a lembrarei com dor e, como eu, todos os espanhóis. Se não todos, quase todos, porque são poucos os que não sofreram as consequências da guerra cruenta que padecemos há dois anos. Dois anos! Parece incrível.

Mas, assim como no ano passado, hoje vou dizer: se pelo menos fosse o último; o ruim é que ela pode durar outro.

Terminamos de jantar e saio para a varanda. O céu começa a se encher de estrelas, a lua já brilha faz algum tempo por cima dos prédios e uma brisa mexe suavemente a roupa estendida nos pátios.

Toda noite, depois do jantar, venho aqui. É meu lugar predileto. Aqui, quando escurece, ninguém me vê e ninguém me incomoda.

Daqui não escuto as conversas do pessoal de casa, as quais às vezes me parecem muito ridículas, e acho incrível que se perca tempo tão miseravelmente.

Aqui estou em silêncio. Bom, não em silêncio total, porque muitas vezes ouço alguma melodia, embora fraca, do rádio de alguma casa próxima.

Esta noite me sento na poltroninha de Neus e começo a fazer uma das coisas de que mais gosto: pensar.

Hoje, como é um dia diferente, não param de tocar e entoar marchas e canções.

Enquanto recitam o poema "*No pasarán*", enquanto o céu vai se inundando de pontos luminosos, enquanto a lua vai ficando mais branca e mais brilhante, enquanto o vento me revolve os cabelos, meus pensamentos correm acompanhados pela frase que vejo desenhar-se no espaço: "Dois anos de guerra!"

Hoje faz dois anos que eu não sabia o que era a guerra, não tinha visto casas destruídas, nem famílias desfeitas, e não amava a paz como amo agora.

Penso em outros países onde não há guerra.

Oh, crianças que desfrutam da paz, se eu pudesse lhes contar, se eu pudesse fazê-las compreender a crueldade, a desumanidade da guerra! Se eu pudesse lhes explicar o que significa a palavra "guerra", como vocês amariam e defenderiam sua paz!

Oh, crianças que não conhecem a guerra e podem dormir tranquilas! Se eu pudesse lhes transmitir, pudesse lhes mostrar tudo o que aprendi nestes dois anos de sofrimento, como vocês se sentiriam felizes por desfrutar da paz, como odiariam a guerra! Se me compreendessem, vocês a odiariam tanto quanto eu, e, então, como funcionaria bem o mundo, se todos nós que, dentro de algum tempo, deveremos governá-lo odiássemos a guerra!

Oh, companheiros, se soubessem como lamento que isso não seja possível, vocês talvez se convencessem de que eu não exagero, e se sentissem mais felizes do que agora.

Dois anos!, repito. E meus pensamentos levariam muito mais tempo se não fossem os gritos dos meus pais, que os interrompem.

Depois de olhar por um momento a lua e as estrelas para me despedir, entro para ver o que eles querem.

— Você ainda vai adormecer naquele escuro — diz meu irmão.

— Não sei o que você tanto vê naquela varanda. Que maneira de perder tempo! — exclama mamãe.

E papai acrescenta:

— É que ela toma banhos de lua. -- E, um momento depois: — Vá dormir, que já está tarde.

É o que faço. E, enquanto adormeço, vou me dizendo: "Dois anos! Dois anos com saudade da paz, dois anos odiando a guerra!"

Quanto sofrimento!

Na escola há uma garota chamada Maria Rosa Torres que é muito minha amiga e por quem tenho muito carinho.

Fazia dias que ela não vinha, e hoje se apresentou vestida de preto. Logo me disse por quem está de luto: por um irmão de 19 anos que morreu em batalha.

Durante boa parte da manhã não conversamos, pois o lugar dela é muito atrás e o meu, muito na frente, mas agora, durante o recreio, pretendo lhe dizer algo.

Soa a campainha e logo nos encontramos no pátio.

Como é natural nesses casos, Maria Rosa está rodeada de garotas que a deixam tonta com perguntas. Eu me aproximo do grupo.

Ainda não a alcancei quando vejo Torres vir ao meu encontro.

Pega meu braço e diz:

— Lembra-se do sábado? Eu lhe falei tanto dele!

Não a entendo e pergunto:

— No sábado? O que aconteceu no sábado? — Ao nosso redor vão chegando as garotas.

— Sim... não lembra que falamos dos nosso irmãos, você do seu e eu dos meus? Que eu lhe disse que ele era muito bom e que o amava muito...?

— Ah, sim! — interrompo, recordando a conversa que tivemos a caminho de casa.

— Pois então — continua ela —, quando cheguei em casa, já...

Não consegue continuar e cobre o rosto com as mãos.

Depois que a consolamos, ela nos explica seus pesares. Não sofre apenas pela morte do irmão, mas também pelo estado da mãe.

Diz que esta não faz outra coisa a não ser chorar sobre as fotografias do filho morto, não quer ver nem o marido, afirma que quer morrer e não sai do quarto.

Torres conclui:

— Todos dizem a mesma coisa: que vai acabar louca.

"Como deve sofrer!", me digo, pensando na mãe dela. Mas também me pergunto: "Se essa mãe sofre, quanto não estará sofrendo aquela com quem falei hoje de manhã, que teve dois filhos mortos na linha de frente, tem outro prisioneiro e perdeu mais um num bombardeio aqui na retaguarda?"

Quanto sofrimento causado pela guerra!

Arroz e lulas

Hoje é domingo e temos um bom almoço. Como mamãe trouxe arroz, e hoje nos coube frutos do mar no racionamento, fazemos arroz com lulas.

Nestes dias, posso dizer que não passo fome. Claro que tanto o saco de batatas quanto o resto deram um grande *descidaço* (como diz papai), mas também é certo que nossas barrigas tiveram um grande *subidaço* (como diz Neus).

Já que estou falando de comida, direi os preços de alguns produtos, que me parecem assustadores.

Um quilo de trigo custa 20 pesetas. Um quilo de tomates, 12,50 pesetas. E um litro de azeite, 10 *duros*, e ainda por cima há gente que procura e não encontra, embora se disponha a pagar as 50 pesetas.

Nós não compramos nenhum desses artigos. Não somente agora que os temos, mas também quando não os temos. Os salários que entram em casa não chegam para tanto.

É hora do almoço e o cheiro do arroz e das lulas me faz pensar na sorte que tenho. Faz tantos dias, tantas semanas, tantos meses que não os como!

Enquanto mamãe serve os pratos, vim escrever umas linhas, pois faz muitos dias que não escrevo.

Nesses últimos dias não tive tempo, porque na padaria fizeram uma revisão e, com o assunto das cartelas a mais, tive que fazer muitas viagens e perder muitas horas. Mas o trabalho não foi em vão. Nossa situação é igual à de antes da revisão. A falta de acontecimentos contribuiu para que eu não escrevesse.

Naturalmente, acontecem coisas, pois não preciso dizer que há bombardeios todos os dias, mas é um tema sobre o qual já desisti de falar, porque é uma coisa tão sabida que as pessoas já não comentam, e quase ninguém se move de onde está.

Nós mesmas, na escola, desistimos de suspender a aula. Por ordem de nossa professora, a senhorita Solán, fizemos uma votação. O resultado foi: 38 que não queriam sair da sala e duas que queriam. Desde esse dia, não nos movemos, exceto Cuadrado e Melà, que descem para o porão.

De que falar, então, se o que me aconteceu nesses dias é o de sempre?

Até hoje não me decidi a isso, graças ao grande almoço: arroz com lulas!

Doente

29 de julho de 1938.

Faz cinco dias que estou de cama. Hoje quase não tenho febre, mas nos dias anteriores tive bastante. Trata-se de uma indigestão.

Embora já esteja fora de perigo, nem por isso deixo de pensar em como sofri. Temia tanto estar com tifo...!

Há uma epidemia dessa enfermidade e, como não se encontram medicamentos, quase ninguém se salva.

Embora a vida seja tão triste para mim, eu a quero muito. Por isso temia estar com essa doença.

Durante esses cinco dias não pude escrever, mas hoje, embora com uma letra muito ruim, estou tentando.

Papai e Àngel estão no trabalho. Mamãe foi buscar o pão e Neus está comigo para o caso de alguém chamar.

Hoje é aniversário de papai. Ele completa 45 anos. Como eu já tinha lhe comprado um cartão, aproveito o momento em que estou sozinha com Neus, me levanto e rapidamente escrevo. Digo assim:

> Querido pai. Isso de que a guerra destrói tudo não é verdade. Antes amávamos você, e agora continuamos amando. Isto a guerra não destruiu!
>
> Suas filhas, desejando que você possa comemorar este dia por muitos anos, com mais tranquilidade e saúde do que hoje.
>
> NEUS E ENCARNACIÓ

E, entre parênteses, acrescento: "Desculpe-me pela letra ruim."

Neus me diz que achou o cartão muito bonito, e o guarda para entregar a ele na hora do almoço.

Volto para a cama, porque já começava a ficar tonta.

Durante os últimos dias, pensei muito nos combatentes.

Quando sentia aqueles tremores tão fortes, e que não paravam até que alguém me cobrisse com muitas mantas e capotes, era então que eu pensava. E eles eram meu consolo, quando eu lembrava que tinha meus pais para ir me cobrindo de roupas, ao passo que eles devem cair ao solo e morrer ali, sem uma mão que os ampare nem uma peça de roupa que os abrigue...

Neus me pergunta se eu quero brincar. Diz isso com tais olhos que não posso me negar. Quando sugiro que ela escolha a brincadeira, responde:

— Vamos fingir que estamos naqueles tempos em que todo mundo era rico, havia comida nas lojas, vinham os Reis, não havia sirenes nem bombas, naqueles tempos em que... como se diz? Ah, sim! Nos tempos em que havia paz!

Esperança

Agosto de 1938. O mês em que os Mont-roig disseram que nos escreveriam para irmos até lá.

Faz dias que me levanto e tenho três angústias. Uma é a preocupação com que os parentes escrevam. Eu gostaria tanto de ir! À exceção de uma viagem que fiz com os colegas de escola a Tarragona, nunca fui a nenhum lugar fora de Barcelona.

A outra preocupação é a dos mosquitos. No bairro há uma praga.

É um mal que eu nunca havia sofrido, e o acho horrível.

Há noites em que passo horas sem dormir. Até procuro me cobrir toda para que os mosquitos não possam me picar, mas não aguento e me descubro bruscamente. De novo, um momento... mas depois me asfixio.

Um líquido chamado Flix [Flit] os mata depressa, mas o problema é que não se acha.

E a terceira, e mais importante, é que há vinte dias a vovó não recebe carta do tio.

Na última que recebemos, ele dizia que, se demorasse a escrever, não estranhássemos, pois se dirigia a um lugar para onde não se podia levar nada.

Naturalmente, deve se tratar da linha de frente, porque até agora ele estava numa aldeiazinha perto de Montserrat, fazendo o treinamento militar.

Nem preciso dizer como a vovó está triste e preocupada.

Dependendo da situação, vinte dias não é muito, mas, acostumados como estamos a receber carta dia sim, dia não...

Sempre que penso nisso me passa pela imaginação uma ideia tão horrorosa, tão triste, que faço o possível para deixá-la bem longe.

Não contei essa ideia a ninguém, exceto ao meu caderno. Ele é a única testemunha dos meus pensamentos. Tomara que sempre seja só ele; que ninguém chegue a saber. O ruim é que talvez... Como sou boba! Já me reaparece aquela ideia. Tenho que ser otimista e manter aquilo que dura tanto quanto a vida: a esperança!

Existe relação?

Mamãe está doente. Faltei à escola toda essa semana.

O médico diz que ela tem uma infecção no ventre. Papai está muito assustado, por causa da grande epidemia de tifo que há.

Eu também estou preocupada e, não sei por quê, venho tratando Neus com mais delicadeza do que nunca.

Às vezes, quando vou dormir e confiro se ela está bem agasalhada, escuto por um momento sua respiração tranquila e lhe beijo a testa uma ou duas vezes.

Então, nesse momento, compreendo quanto a amo, e me arrependo de tê-la repreendido alguma vez. Por que será, me pergunto depois, que antes isso não me acontecia?

O que tem a ver a doença de mamãe com meu carinho por Neus? Muitas vezes me fiz essa pergunta, mas nunca obtive resposta.

Outra coisa que também me surpreende é que agora, mamãe estando de cama, faço as coisas com mais vontade, trabalho com mais fervor...

Também tem relação uma coisa com a outra? Tampouco encontro resposta.

Esta manhã, quando lavava os pratos, tive a impressão de que mamãe me chamava. Depois de enxugar as mãos no avental dela, que eu estava usando, fui até seu quarto.

Escutei, e ela dormia. Já ia saindo quando ela me disse, meio cochilando:

— *Nena*, sabe a questão do leite de Neus? Acho que já...

— Mas, mulher — interrompo —, não pense nisso agora, depois você terá tempo.

Dias antes de adoecer, mamãe e a vizinha Assumpció falaram de fazer certa artimanha para obter uns potes de leite com a certidão de nascimento de Neus.

Mamãe tem tanta vontade de que isso possa ser feito que pensa no assunto dia e noite, e é a primeira coisa que me diz ao acordar.

Que preocupação ela tem, de poder dar leite à sua filha! Como a ama!

Creio que começo a compreender algo do mistério de que falei no início. Mas é algo tão confuso que nem sequer me vejo com ânimo de esclarecê-lo.

Talvez eu o compreenda melhor outro dia e possa descrevê-lo em detalhes.

Tocam a campainha. Deve ser Neus, voltando da escola. Vou lhe dar um beijo...

Dor

Hoje, 30 de agosto, vou à casa da vovó a fim de pegar uma cartela para ir à cooperativa.

Com que pesar subo a escada de sua casa! Vou pensando na vovó, tão boa mas tão triste desde que o tio foi para a frente de batalha. Também me lembro de que há um mês ela não recebe nenhuma notícia.

Toquei a campainha. Ouço uns passos pausados, lentos...

— Quem é? — pergunta uma voz débil.

Depois que respondo, a porta se abre. Atrás, um rosto pálido, enrugado, triste, sem vida. Uns olhos úmidos que antes eram azuis, mas agora são de um cinza-azulado muito claro, me fitam lastimosos... e se afastam para me deixar passar.

— Olá, filha!

— Como vai, vovó? Recebeu carta do tio?

Chegamos à sala de jantar. Ela me olha com um sorriso amargo e diz:

— Carta? Soubemos que ele está ferido. Ou melhor: estava. Isso foi há tantos dias que já deve ter morrido.

Nós nos sentamos e ela me explica que um companheiro dele, que atualmente se encontra num hospital em estado muito grave, escreveu para sua casa com a notícia de que o tio havia sido ferido.

— Isso — continua — foi no dia 25 ou 26 do mês passado. Hoje é dia 30, seguramente ele já morreu. Pobre filho! Por que não morreu quando era pequeno? Quanto sofrimento teria me poupado!

Continuamos conversando. De repente, ela me pergunta:

— E você, filha, o que lhe parece? Acha que ele morreu?

Difícil pergunta! Não sei o que responder, mas digo:

— Não, vovó, não.

— Oh! — exclama ela, colocando a mão no meu ombro. — Você fala isso por falar.

E começa a chorar.

Pobre mãe! Ela percebeu. Eu disse por dizer, por mais nada; porque eu também temo que ele esteja morto...

Vovó continua chorando. Passam-se momentos para mim longuíssimos, durante os quais só escuto seu pranto e o tique-taque ininterrupto do relógio.

Com os cotovelos sobre a mesa, ela continua chorando.

Chora por seu filho. A dor maior que uma mãe pode sofrer!

"Pobre mãe!", me repito. Quantas lembranças devem passar por sua imaginação! Quando o tio era pequeno e ela o embalava no colo...

Suas lágrimas encharcam o lenço. Eu olho o relógio.

— Vovó, pode me dar a cartela? Senão, vou chegar tarde — digo, me levantando.

Ela também se levanta e me entrega a cartela.

— Tome, filha, tome. Você vai ver como não voltaremos a vê-lo. Meu coração me diz: nunca mais! — e volta a chorar.

Digo algumas palavras de consolo, beijo-a e saio. Fecho a porta e ainda tenho lembrança de seu pranto, de suas lágrimas...

Vou à cooperativa. Vou também com a imagem da vovó.

"Quanto ela deve odiar a guerra!", penso pelo caminho. "Se todo mundo a odiasse de maneira igual, igual à de todas as mães de combatentes, não haveria guerra!"

Amor e ódio

Início de setembro.

Mamãe teve 40º de febre durante toda a noite. Fomos buscar o médico, mas ele se encontrava no dispensário e não pôde vir até às 7 da manhã.

Quando o médico chegou, mamãe já estava melhor, mas de todo modo ele nos disse que ela pode estar com tifo.

Durante todo o dia de ontem e esta manhã fiquei pensando na vovó, no tio, se ela recebeu notícias...

Ouço tocarem a campainha...

Será a vovó? Certamente, veio visitar mamãe.

De fato. Ao abrir a porta, encontro à minha frente esse rosto que recordo tão bem. A vovó entra. Está séria, muito séria.

Entramos na cozinha, ela me segura o braço e diz secamente:

— Está morto.

Oh! Morto, morto!

Embora eu temesse isso, embora o acreditasse morto, que abalo me causam essas duas palavras!

Fico quieta, muda, olhando a vovó, que contém o pranto.

Por fim, consigo articular:

— Morto?

A vovó não responde. Vira a cabeça e, segundos depois, se afasta.

Vai até o quarto de sua filha. Eu permaneço na cozinha, na mesma posição. "Está morto." As palavras se repetem no meu cérebro.

Recordo quando ia com ele ao cinema, a um passeio... Era alto, de musculatura forte, simpático... Mas *era*, não *é* mais. Agora está morto!

Vou até meu quarto e choro, com a cara no travesseiro. "Por quem estou chorando?", me pergunto.

Pelo tio? Não. Pelo tio e pela vovó. Pobre mãe! Tinha razão, quando me dizia que não voltaria a vê-lo... Nunca mais!

Ao longo da manhã, só umas duas vezes conseguimos estar juntas sem que mamãe nos escute. Numa dessas, quando lhe pergunto se sabe como ele morreu, ela responde:

— Metralhado. Quem disse foi aquele companheiro dele, o ferido. Diz que ele morreu no ato.

Em outro momento, me diz, falando de mamãe:

— Não quero contar que ela já não tem irmão. Estando como está, poderia piorar.

Horas depois, vovó vai embora.

À tarde, vou à sua casa para levar o pão.

— Olá, filha. Trouxe o pão? — pergunta ela, quando entro.

— Sim, vovó.

— Pois pode levar. Eu faço um favor a vocês, e você faz um a mim. Quase não temos fome! Tanto a tia quanto eu...

— Têm que tentar comer, vovó — aconselho, mesmo sabendo que é inútil.

Nos sentamos. Ela pega uma roupa preta e, dispondo-se a costurar, me olha e diz:

— Tentar comer? Como quer que façamos isso, filha, se eu estou desesperada? Tanto que às vezes me dá vontade de...

— Não, não! — interrompo, quando adivinho o que ela ia dizer.

— Sim, menina, sim, tenho vontade de me tirar a vida. Se não fosse por sua tia, já teria feito isso. É tão fácil...! Se não fosse porque ela me diz: "O que eu faria sem a senhora? O que eu faria?"

"Até nisso ela pensou! Quanto deve estar sofrendo...", imagino.

Ela continua costurando. Sem levantar a cabeça, diz:

— Sua tia tenta me consolar dizendo que, como não sabemos oficialmente, talvez não seja verdade, mas... O que você acha, menina, o que seu coração lhe diz?

"Que perguntas a vovó me faz!", digo a mim mesma. E em voz alta:

— Eu acho que não pode ser verdade que ele morreu.

— Não, não morreu. Eles o mataram! — diz ela, com grande fúria.

Sim, é verdade: eles o mataram. O que é mais triste do que se tivesse sido morte natural.

— Convocaram a classe dele, e ponto. Mais nenhuma... — comenta ela, em tom de queixa.

"Vovó, não seja assim. Se a senhora sofre, se seu filho morreu, não deseje que outras mães sofram, nem que outros filhos morram." Parece que ela adivinhou o que eu penso, porque diz:

— Sou má, não é, menina? Sim. Mas, como eu, são também todas as mães que perdem um filho. A mãe que perde um filho perde o juízo. Perde o juízo! — e começa a chorar desesperadamente.

— Vovó...

— Oh! Não tente me consolar. Se você soubesse os dias que tenho passado! Ontem e hoje, sempre chorando!

Digo que preciso ir embora. Beijo-a e, quando faço isso, ela me aperta contra o peito e diz com voz trêmula:

— Vá, filha, vá. Você não voltará a vê-lo! — e fica chorando.

Seu pranto me comove. Nos 14 anos que tenho, sempre senti, mas como hoje, como agora, nunca!

O que sinto? Dor, sofrimento, compaixão, ódio... Sim, ódio à guerra!

Enquanto desço a escada, recordo que antes do 19 de julho acreditava que o ódio não devia existir; que, para as coisas irem bem, ninguém deveria conhecê-lo. Mas agora vejo que não é assim.

O ódio tem que existir, e sempre existirá. Enquanto houver amor, haverá ódio. Sim, enquanto houver amor de mãe haverá ódio à guerra.

E, como o amor de mãe é eterno, sempre haverá ódio: ódio à guerra!

Que não aconteça...

De que peso eu me livrei!

Mamãe já está fora de perigo. Depois de muitos dias de angústia, encontramos descanso.

Agora, a preocupação é com os alimentos que daremos a ela.

Só temos pão e água. Nem legumes, nem azeite, nem tipo nenhum de carne, nem avelãs. Não temos absolutamente nada.

Nos primeiros dias de convalescença, fazíamos sopas com um pouco de cebola que a vizinha Asumpció nos deu. Mas agora, debilitada como está, ela precisa de algo mais do que sopa de água e cebola.

Esta tarde papai disse a mamãe que o tio foi ferido. Enganou-a para que o golpe não seja tão forte. Pode ser que amanhã ele lhe diga a verdade.

Esta manhã ela tentou se levantar, mas não conseguiu ficar fora da cama por mais de meia hora.

Os jornais destes dias falam de uma próxima guerra europeia.

A Alemanha não achou suficiente ter invadido a Áustria, agora quer a Tchecoslováquia.

Esse país e a França tinham um pacto de defesa mútua, mas o governo francês não o cumpriu e os alemães estão invadindo o território tcheco.

Pobre gente!

Parece mentira que uns poucos homens possam fazer tantos milhões de pessoas sofrerem.

Primeiro a Abissínia, depois a Espanha, a China, agora a Áustria e a Tchecoslováquia.

E ainda por cima dizem que pode explodir uma guerra mundial.

Tomara que não aconteça!

Um aguaceiro de verão

Esta tarde vou à cooperativa da vovó para buscar seu racionamento desta semana. Eles me dão três onças de vagens e um litro de vinho.

Essa cooperativa fica na Ronda Universitat.

Há uma fila bastante comprida. Isso não teria muita importância se a loja não estivesse cheia de mosquitos que ficam me atormentando.

Finalmente consigo o "grande" racionamento e volto para casa. Passo pela calle Consell de Cent e, quando me encontro no Paseo de Sant Joan, começa a chover forte.

Em vez de me apressar, caminho mais pausadamente.

A chuva me alegra. Fazia muito tempo que não chovia, e hoje é um dia muito quente.

Caem umas gotas d'água gordíssimas e minha roupa vai se encharcando.

Parece estranho que a chuva tenha mudado tão rapidamente meu estado de espírito. Estou contente como poucas vezes estive. Parece que meu coração bate mais depressa.

As nuvens, as ruas molhadas, as gotas d'água caindo sobre a grama verde que morria de sede, o ruído do aguaceiro... Tudo me impressiona, me alegra, me parece mais bonito do que nunca.

Tenho os sapatos furados e já noto a umidade nos pés. Mas o que importa?

Caminho enquanto alguém que corre se volta para me olhar, seguramente estranhando meu ritmo.

O aguaceiro parou. O sol volta a brilhar. O que está me acontecendo? De repente, sinto um forte tremor. Agora, sim, acelero o passo e me arrependo de minha imprudência.

Chego à casa da vovó e ela se aborrece porque não me abriguei numa portaria.

Quando chego à minha casa, vou logo para a cama. Meus pais também me repreendem, mas, enquanto aperto o lençol contra o peito, fico me repetindo: "O que vocês queriam que eu fizesse, se era tão bonito e me agradava tanto?"

Sopa?

Hoje é o primeiro dia do outono e o terceiro em que estou de cama.

Com a chuva do outro dia, peguei um forte resfriado e tenho dor de garganta.

Embora não muito, me arrependo de não ter entrado numa portaria quando começou a chover.

Mamãe está cada dia melhor.

Ontem uma vizinha nos deixou um quarto de litro de azeite. É escuríssimo e combina com o pão que nos dão na padaria, tão preto quanto o azeite.

Passei a manhã lendo e agora se aproxima a hora do almoço.

Ouço mamãe gritar lá da cozinha. Ela entra no meu quarto e diz:

— O gás se apagou. A água com que devíamos fazer a sopa ainda não ferveu. Eu já tinha jogado os tabletes e eles não terminaram de se desmanchar. — E, ao sair do quarto, exclama: — Isso é horrível, horrível!

Ela acha que daqui a um tempinho talvez o gás volte, e esperamos. Mas o tempinho passou, papai chegou e o gás não volta.

Portanto, temos que comer a sopa meio fria, sem esquentar, e encontrando pedaços de tablete sem desmanchar. Quando me traz o prato na cama, mamãe diz:

— Tome a sopa. Se é que podemos chamá-la assim. Como está quase fria, vai ser bom para sua garganta.

Quando mamãe sai, começo a rir com vontade.

Ao recordar os tempos de antes e ver a sopa que tenho à minha frente, explodi em gargalhadas, sem poder me conter.

"Melhor tomá-la com risadas do que com lágrimas", penso, enquanto como.

Por sorte, estou com muita fome, do contrário não conseguiria.

Se eu puder recordar tudo isto em um tempo futuro, como serei feliz!

O DE SEMPRE

As cartelas que nos dão para conseguir o pão devem ser renovadas a cada trimestre. Agora, este se acabou e temos que ir à prefeitura com o carnê de racionamento para nos darem a cartela nova. Mamãe está muito nervosa, pois não sabe se desta vez sua "artimanha" também funcionará.

Hoje começam a dar as novas cartelas, mas ainda não é nossa vez, já que a cada dia eles dão as de X rações. Como hoje dão as de uma e nós somos de cinco, nossa vez será daqui a cinco dias.

Os jornais de hoje dizem que o doutor Negrín ordenou retirar todos os voluntários estrangeiros que há na zona leal.

Isso não deixa de causar estranheza em todo mundo. No lado fascista há muitíssimos alemães e italianos, desde o primeiro dia, e ainda por cima nos retiram os voluntários.

A situação internacional continua igual. A paz da Europa está ameaçada.

Embora eu não escreva sobre nenhum bombardeio, devo dizer que eles vêm com muita frequência e causam muitas vítimas entre os civis. Por enquanto, continuamos na mesma: não saímos de casa, embora exista bem aqui em frente um abrigo cuja construção nós pagamos.

O preço das coisas segue aumentando sem parar: um quilo de trigo custa 30 pesetas. E um litro de azeite comprado no agricultor, 125 pesetas. Sapatos, você não encontra em lugar nenhum, e, se encontrar, estão a preços absurdos; por exemplo: um par, 500 pesetas.

A vovó não parece a mesma, só faz chorar e quase não come. Hoje, primeiro dia em que me levanto, fui à sua casa, mas, como sempre, quando nos despedimos ela chorava.

A tia Montserrat ainda vive.

Acabo este capítulo porque Neus me pede por favor que eu lhe ensine multiplicação.

Tudo o fez mudar

Hoje, 9 de outubro, é aniversário do meu irmão. Ele faz 16 anos.

Em vez de nos alegrarmos ao ver como está crescendo, tanto papai e mamãe quanto eu sentimos pesar.

A cada aniversário, percebemos que Àngel está mais próximo da idade da última classe que convocarão. E, como não vemos o fim da guerra, quem nos garante que ele não irá para a frente de batalha?

Ele acha que terá que ir e nos diz isso muitas vezes.

Agora, está desenhando junto com papai umas letras no carnê de racionamento.

Estes dias, com a falsificação das cartelas de pão, não descansamos nem um momento.

Àngel é o encarregado de fazer os desenhos; papai, de apagar as marcas; mamãe e eu, de ir à prefeitura ou à padaria.

"Como a guerra muda as pessoas!", me digo, enquanto vejo papai apagar uma marca de tinta e afastá-la um pouco para ver se ficou bom.

Quantas discussões ele teve antes com mamãe sobre a falsificação! Como recriminava essa ação!

Mas, à medida que o tempo foi passando, e ele foi sentindo fome, transformou-se, e agora não só permite a falsificação de cartelas, sem reclamar, como nos ajuda tanto quanto pode.

A guerra não o fez mudar somente nisso, mas também em outras coisas. Uma delas é a questão da pena de morte. Antes da guerra, quantas vezes eu o ouvi falar contra essa pena!

— Que condenem a tantos anos de prisão quantos quiserem, mas pena de morte, nunca! — dizia sempre.

Agora, porém, quando fica sabendo que executaram um desertor, nunca deixa de aprovar. Quando o fazemos ver essa mudança, ele diz que, havendo guerra, as coisas são muito diferentes.

— O homem que foi convocado — diz — e se esconde para não se apresentar não merece menos do que a pena de morte. Seria outra coisa se a guerra que estamos travando fosse de ataque a outro povo, mas a nossa é de defesa, e portanto todos temos o dever de ajudar e defender nossa pátria ameaçada.

Papai continua apagando marcas no carnê. E, da sala de jantar, eu fico olhando para ele, enquanto recordo aqueles tempos tão distantes em que as padarias estavam cheias de pão e você não precisava passar apertos para conseguir tudo o que queria.

Como se valorizava pouco o pão naquela época!

Agora, que diferença de antes! Volto a pensar em papai e a pensar: "Como a guerra o fez mudar!"

Terminei um problema e ouço o sinal para descermos ao recreio. Todas as meninas da turma, como que impelidas por uma mola, guardamos os cadernos e nos levantamos rapidamente, sem esperar a ordem da professora.

Umas têm pressa para poder saltar, outras para correr, outras para passear, e todas se apressam a formar a fila no corredor para descer rapidamente ao jardim.

Já estamos no pátio; já vemos como o sol brilha e sentimos seu calor.

E, como se uma gaiola de pássaros se abrisse, os meninos se precipitam para descer os poucos degraus e poder correr, gritar e rir com plena liberdade. Como fariam os pássaros ao verem a porta aberta: precipitar-se e sair da gaiola para poder voar pelo espaço, livres das grades perpétuas que durante tanto tempo os mantiveram prisioneiros.

Cada um faz o que mais lhe agrada; eu, como já faço há muitos dias, me dirijo ao trecho de jardim destinado aos pequenos. Gosto tanto de criancinhas!

Com as mãos nos bolsos, e às vezes assoviando bem baixinho, passeio para lá e para cá, olhando-os, ouvindo as risadas e pensando.

Hoje, o tema dos meus pensamentos é um que todos os pobres conhecem: "Se eu fosse rica..."

Já pensei nisso outras vezes, mas nunca como hoje.

Se eu fosse rica, muito rica, fundaria um orfanato. E nele manteria muitas crianças sem pai ou sem mãe. Faria construir o edifício numa montanha que seria seu jardim; ali, elas poderiam se divertir plenamente, sem que fosse preciso lhes dizer:

"Não passem por aqui porque há um canteiro. Por aqui também não, porque é o jardim dos pequenos." E, correndo pelos jardins da natureza, meus órfãos cresceriam.

Eu lhes ensinaria de tudo, mas principalmente a odiar a guerra.

Como eu gostaria de ser rica!

Minha primeira ilusão seria esta: fundar um orfanato. Mas, depois, também faria outras coisas.

Em minha turma há uma menina de 12 anos, chamada Pilar Trepat, por quem tenho muito carinho. Essa menina é muito aficionada ao canto e à dança. Minha segunda ilusão seria poder pagar seus estudos.

Com que alegria eu lhe ofereceria o dinheiro necessário para que ela pudesse seguir suas aspirações artísticas!

Mas por que penso em se eu fosse rica, sabendo, como sei, que não vou ser?

Estou assim, tentando afastar meus pensamentos impossíveis, quando se aproxima de mim um menino de uns 6 anos que fica ao meu lado na hora do almoço e, colocando as mãos sobre uma das minhas, diz:

— Sabe de uma coisa, *menagera*? Meu pai foi *pala* a linha de *fente*...

Seguro a cabeça dele entre as mãos, fito seus grandes olhos meio úmidos e digo:

— Ele vai voltar!

O menino nega com a cabeça e responde:

— Minha mãe diz que não.

— Diz que não? Volta, sim, quando a guerra acabar...

Ele me interrompe:

— Sim, quando a *guela* acabar, mas enquanto isso nós *molemos* de fome, *poque* lá em casa só ganham seis pesetas por dia, e o que fazemos com isso, se eu tenho dois *imãozinhos* e precisamos sustentar meus avós?

Ao ver que eu não respondo, continua:

— Dez pesetas por dia, mas muitas vezes não pagam, estão devendo seis meses ao meu tio.

— Se a guerra acabasse logo... Não é, garoto? — digo.

— Ah, isso *selia* bom. Meu pai ia voltar e...

— Escute — interrompo, apoiando uma mão em seu ombro. — Você que conhece o sofrimento que a partida de seu pai causa em sua mãe; e compreende todas as dificuldades pelas quais terão de passar para se manter com essas dez pesetas; e vai sentir saudade quando já fizer tempo que não vê seu pai; e verá sua mãe chorando a ausência dele; você que saberá que a causa de tantas dores e sofrimento é a guerra, então sempre a odiará? Não é verdade que nunca vai querê-la? Que sempre será contra e fará todo o possível para evitá-la ou não provocá-la?

Muito atento ao que eu estava dizendo, o menino me responde, muito sério:

— Sim, *menagera*, nunca vou *queler*.

— Assim é que eu gosto. Mas tem que começar a fazer isso agora, sabe como?

— Como? — pergunta ele, intrigado.

— Nunca brincando de guerra.

— Eu... às vezes *binco* com meu *imãozinho*, *poque* os Reis *touxeram* uma escopeta muito bonita.

— Uma escopeta? Pois pense que se matam homens com as escopetas de verdade, e que uma das balas poderia caber ao seu pai e feri-lo ou matá-lo. As escopetas, assim como as metralhadoras, os canhões e outras armas, servem para matar homens e destruir povos. E então, você gosta de tudo isso que poderia causar a morte do seu pai?

O menino baixa a cabeça, como que intimidado, e responde:

— Não, não gosto, mas eu só *binco*. Não mato ninguém.

— Eu sei que você não mata ninguém, mas brinca de matar, imita as guerras de verdade, mesmo que só brincando. E o que faz agora de brincadeira você pode fazer amanhã de verdade, e matar pais de família, como seu pai. Você deve rejeitar a simples ideia de matar alguém; imagine que o morto não é o pai de outro, mas o seu. Se odeia a guerra, não deve odiar só esta, mas todas as imitações; e, se não gosta das armas que os homens usam para matar uns aos outros, também não deve gostar das imitações, como as escopetas que tem.

— É verdade, *menagera* — diz ele, muito convicto —, quando chegar em casa vou jogar *fola* as duas escopetas...

— Não! Não precisa jogar fora. Sua mãe poderia se aborrecer. O que você pode fazer é não brincar mais de guerra e tentar convencer todos os que quiserem essa brincadeira, como eu o convenci.

O zelador toca o apito. Enquanto nos dirigimos ao lugar onde se formam as filas, o menino me diz:

— Não se *peocupe*. Vou esconder as escopetas bem escondidas e nunca mais vou *bincar* de *guela*. *Pometo* a você.

Então nos despedimos. Quando estou na fila e vejo todas as colegas suadas e vermelhas de tanto pular e correr, penso, satisfeita: "O que eu fiz não tem muito mais valor do que o que vocês fizeram: cansar-se, discutir, levar tombos e até se machucar...? Eu, em compensação, consegui uma grande coisa: que uma criança odeie a guerra e me prometa nunca mais brincar de lutar. Quem me prometeu foi um menino que amanhã será um homem."

E, enquanto me reúno com minha companheira Mercè Miquel e subimos juntas a escada, vou me repetindo: "Ele me prometeu!"

Que se acabe de uma vez...

O presidente Negrín falou ontem no rádio. O tema de seu discurso era o seguinte: "Desejo que a paz chegue logo, mas, enquanto houver estrangeiros na Espanha, não se pode falar de obter nenhum acordo."

A febre tifoide se espalhou muito. Na escola, nos obrigam a nos vacinar. Na próxima quinta-feira, Neus e eu iremos à casa do médico para que ele nos dê a primeira vacina contra tifo.

Esta tarde, fui ver minha avó tão aflita.

Como as cartas que continua escrevendo ao tio não têm sido devolvidas (quando um combatente morre, cai ferido ou desaparece, as cartas que lhe chegam são devolvidas), nem lhe comunicaram nada oficialmente, ela às vezes conserva alguma esperança de que a notícia recebida do amigo do tio não seja verdadeira.

— Há momentos — me explicou — em que, quando conto a alguém o que aconteceu com meu filho e essa pessoa responde que talvez o amigo o tenha visto cair, mas que ele podia estar apenas ferido, tenho alguma esperança de que continue vivo... Mas quando vejo os dias e os meses passarem sem que saibamos nada, acho que vou perdendo todas as esperanças.

"Se você soubesse" — continua a vovó — "o estado de nervos em que me encontro... A cada vez em que tocam a campainha, meu coração dá um salto, e penso: 'Tomara que seja ele...'

"Um dia destes, ao anoitecer, eu estava sentada aqui, na cadeira de balanço, quando bateram. Vou abrir e, oh!, surpresa: vejo um jovem alto, robusto, igual a *ele*. Como a escada estava escura, eu não podia ver bem o rosto do rapaz, mas o desejo de que fosse *ele* era tal que pensei que fosse. Quanta decepção, quando, me estendendo um papel, o jovem disse: 'Companhia elétrica'. Peguei o recibo com mão trêmula e comecei a chorar. O homem deve ter achado que eu não podia pagar e não sei o que me disse, mas eu o fiz entrar, enquanto lhe contava o motivo do meu pranto."

A este relato, seguiu-se o silêncio. A vovó ia enxugando os olhos com um lenço. Agora, já não tem aqueles prantos dos primeiros dias de sua dor. Agora, cansada de chorar, suas lágrimas não são tão abundantes, e quando chora ela o faz silenciosamente.

Eu estava observando a vovó quando ouvimos a campainha. Ela se sobressaltou e eu me levantei de um pulo para ir abrir. Era a tia.

Falamos um pouco dos meus estudos, lamentando o tempo que estou perdendo por não ir a um curso a fim de aprender datilografia e taquigrafia.

Se a guerra acabasse... Mas agora, com os malditos bombardeios, não se pode ir a lugar nenhum. Acho que os cursos só funcionam de manhã, porque à noite, como a eletricidade é cortada quando há alarme, não se poderia trabalhar.

Ao sair da casa da vovó tive a sensação de que desejava mais do que nunca que a guerra acabasse. Tão grande era o meu desejo que até pensei (algo que eu jamais tinha pensado): "Que ela acabe, de um modo ou de outro, o importante é que acabe!"

Mas depois creio que mudei de ideia.

PERDÃO E ESQUECIMENTO!

Na edição de *La Vanguardia* de hoje, 16 de novembro, leio "O glossário dos 13 fins de guerra".

O texto me indignou tanto que me vejo obrigada a comentá-lo em meu caderno de notas. Como é impossível transcrever aqui os 13 pontos, por causa de sua extensão, me limito a citar a parte que considero mais criticável. Aqui está um fragmento: "No programa do governo aparece a anistia com as dimensões indispensáveis para constituir uma das peças essenciais da paz civil que há de dar um termo à presente luta. Essas dimensões são três" — só anoto a terceira: — [...] "Sua extraordinária amplitude, pois não só extinguirá por completo todas as responsabilidades, como também apagará até a lembrança das infrações cometidas e das penas impostas, lançando-as ao esquecimento, como se jamais tivessem existido."

Em outro ponto, leio: "E, no entanto, consciente das realidades vividas, submissa às mensagens do interesse nacional, inscreve em seu programa promessas de esquecimento e perdão."

No final de outro parágrafo: "... A política de generosidade que perdoa e esquece."*

A cada passo encontro no texto estas duas últimas palavras. E são as que mais me deixam indignada.

---

* Em castelhano, no original. (*N. do E. espanhol*)

Eu acho que quando um homem é atacado por outro e se defende, e está perdendo a luta, não vai dizer ao adversário: "Quando a luta terminar, esquecerei o que você me fez. Eu o perdoo." Não, isso ele nunca dirá.

Dizem que se deve perdoar. Depende. Se o homem que atacou se arrepende do que fez, procura o agredido e lhe pede perdão, este agirá mal se não perdoar. Mas se o outro não pede perdão, você vai lhe perdoar? Quando vê que está prestes a ser derrubado por ele, você vai lhe gritar: "Eu lhe perdoarei, esquecerei tudo o que você me fez!"? Isso nunca!

Perdão e esquecimento. Que palavras! A mãe que perdeu um filho na guerra poderá algum dia perdoar os culpados pela morte do filho, poderá algum dia esquecer a morte?

Perdão e esquecimento. Quem escreveu essas palavras provavelmente não perdeu nenhum filho, sequer sofreu as consequências da guerra cruenta que estamos vivendo.

Penso na vovó. Coitada! Experimentem procurá-la com essas duas palavras, e ela é capaz de arrancar os olhos de vocês. Só ela? Não. Tanto quanto ela, todas as mães que perderam um filho.

Perdão e esquecimento. O que diriam os que apodrecem sob a terra, se escutassem essas palavras? Os que partiram para a frente de batalha durante os primeiros meses, movidos por um ideal, deixando esposa e filhos, o que diriam se ouvissem seu presidente afirmar que todo o dano que os rebeldes fizeram e fazem será esquecido, como se nunca tivesse acontecido?

O que dirá a esposa cujo marido foi estraçalhado pela metralha das bombas lançadas pelos fascistas sobre as cidades civis? Poderá algum dia perdoar os assassinos? Poderá esquecer que seus filhos ficaram para sempre sem pai?

Perdão e esquecimento. O mutilado de guerra, paralítico, sem pernas ou maneta, algum dia perdoará os autores de sua desgraça e esquecerá que um dia deixou seu braço ou sua perna num campo de batalha?

Perdão e esquecimento! Perdão e esquecimento!

Como ressoam essas palavras em meu cérebro, quando deixo de lado o jornal que tanto me fez pensar!

Quando fecho os olhos, vejo escritas com lágrimas e sangue estas duas palavras entusiásticas e impossíveis: perdão e esquecimento!

Exame

Ontem, na escola, a diretora passou uma prova para todas as garotas que desejam assistir a certas aulas que em outros anos eram dadas à noite e agora o serão à tarde.

A prova era de gramática. As matérias que escolhi, para o caso de me aprovarem, eram taquigrafia e francês.

Esperei com muita impaciência o dia de hoje para saber se fui aprovada. E, com grande alegria, soube que fui.

Nossa professora nos leu esta manhã a lista das garotas que poderão assistir às aulas vespertinas, e entre elas estava eu.

Fazia pouco que nos tinham comunicado essa novidade quando uma colega me disse que *doña* Annita, a diretora, queria falar comigo.

Depois de pedir licença à minha professora, desci ao gabinete de *doña* Annita.

Quando bati à porta com os nós dos dedos, tinha o coração acelerado. "O que será que ela quer me dizer?", me perguntava, inquieta.

Após ouvir uma voz dizendo: "Entre!", senti meu coração dar um salto e entrei no aposento.

Doña Annita se levantou e, mandando que eu me aproximasse, disse:

— Olá, Martorell, venha cá. Veja, constatamos suas aptidões para a escrita e eu gostaria que você estudasse, que se dedicasse a ela.

Pergunta quantos irmãos eu tenho, quanto ganha meu pai... Fala do bacharelado. Explico:

— Quando fizemos aquela prova para ver quem podia cursá-lo, me disseram que eu estava em condições...

— E então? — me interrompe *doña* Annita.

— Mas meus pais disseram que, como eu não ia estudar nenhuma carreira...

— Oh! Isso não se pode afirmar. Nunca se sabe qual será o destino de uma pessoa, menos ainda se ela for jovem.

Conversamos um pouco mais e ela me dispensou dizendo que pensaria em algo, e que eu também pensasse.

Quando subi de volta à minha sala, não podendo conter minha alegria, contei a Mercè Miquel, minha colega de carteira, o que *doña* Annita me disse.

Na hora do almoço, dei minhas vagens a um menino que tenho na mesa e que come mais do que os outros quatro juntos. É pequeno e está raquítico; uma das crianças encarregadas de descer e subir com as bandejas cheias de pratos lhe deu o apelido de *Bunyolet* e, desde então, todo mundo o chama assim.

Enquanto esperava o segundo prato, não tive vontade de ler. A professora Josefina percebeu e, dando uma palmadinha no meu ombro, perguntou:

— Não vai ler hoje?

E agora, contemplando da janela o sol que se esconde atrás daquelas montanhas, tenho vontande de que chegue logo a segunda-feira, para começar as aulas de francês e taquigrafia.

Duas emoções

Hoje, 28 de novembro de 1938, tive duas emoções.

Uma é muito agradável: comecei as aulas de francês. A professora, uma senhora muito séria e formal, nos disse que, para estudar um idioma, precisa-se de vontade e persistência. Como a turma estava cheia demais, ela se verá obrigada a suprimir as garotas mais jovens. O número passa de quarenta.

Acho que não me faltam nem me faltarão as duas coisas que, segundo ela, são necessárias para estudar essa matéria.

Amanhã começam as aulas de taquigrafia.

Embora pense frequentemente em meus estudos, não deixo de pensar na outra emoção. É a seguinte. Mamãe, entre os diferentes lugares onde foi perguntar pela sorte do tio Enric, e depois de muitas viagens, em um deles teve notícias.

Disseram que o tio entrou ferido no setor de Gandesa em 25 de julho. Pensando bem, a notícia não esclarece grande coisa, porque isso foi há quatro meses e não sabemos se está vivo ou morto. Ainda assim, a vovó ficou alegre e tem muitas esperanças de que o filho esteja vivo.

Em minha opinião, o tio morreu. Tomara que eu esteja enganada! Quando penso há quanto tempo não sabemos nada dele, me digo que já poderíamos saber algo. Seu silêncio é alarmante, e não posso crer em outra coisa.

Seu caso é muito estranho. Um companheiro afirma que o viu morrer, agora nos dizem que ele foi ferido; durante todo esse tempo, não nos devolvem nenhuma carta nem nos comunicam se ele está morto ou desaparecido, e faz cinco meses que não recebemos nem uma palavra dele.

Há quem conte que ocorreram casos até mais estranhos, e que os familiares já usavam luto quando aquele que acreditavam morto finalmente se apresentou.

Quando você fica sabendo desses casos, não pode evitar ter esperanças; e, quando vê o aspecto da vovó em seus momentos de desconsolo, não pode evitar desejar o retorno do tio com todo o coração.

Pela primeira vez

A rádio diz que não se deve deixar um só pedacinho de terra sem semear.

Muita gente cumpre essa ordem.

Os arredores de minha casa também se transformaram em hortas. Há um terreno, antes deserto, que as crianças da rua chamavam *les pedres*, que também está dividido em pequenos trechos cobertos de couves e acelgas.

Antes, esse terreno se destinava a guardar as pedras para pavimentar as ruas e fazer as calçadas. Por isso todos os do bairro, quando íamos até lá, dizíamos: "Vamos para as pedras."

Como eu disse, os lotes e trechos de solo desabitados vão se cobrindo de vegetais.

Até na escola faremos uma horta. Do pequeno espaço que cada turma tem no jardim para fazer um canteiro, faremos uma horta.

A ideia foi de minha colega de carteira, Mercè Miquel.

As outras aprovaram a ideia e a professora Solans,[42] embora de início tenha visto algum inconveniente, finalmente concordou.

Pedimos a *doña* Annita seu consentimento e ela nos deu.

Agora, na hora do recreio, quatro meninas escolhidas pela professora nos dispomos a cavar a terra que mais tarde nos dará frutos.

As quatro somos: Miquel, Pérez, Gener e eu.

Enquanto umas cavam, as outras removem pedrinhas. Falamos das refeições. Uma diz que comprou um quilo de farinha de milho a 24 pesetas.

Miquel conta que em sua casa não notam muito a fome e que dirá à professora que não quer o pão que nos dão de manhã na escola. Gener, uma garota muito magrinha, pede-lhe que não faça isso: que receba o pão e o dê a ela.

Na escola, todas as manhãs nos dão um pedaço grande de pão. Esse pão nos é enviado pelos chamados *Amigos quacres* da Inglaterra.* Eles nos dão de graça, mas é preciso pagar o transporte. Pagamos 0,50 peseta por semana.

Miquel diz que dará à colega o pão que lhe cabe.

Gener nos explica que sua mãe esteve muito doente e precisa se alimentar, coisa que não pode fazer. Também conta que tem uma irmã casada e com um bebê. O marido está na frente de batalha há muitos meses e ainda não conhece o filho.

Desde que conheci essa garota, Gener, acho-a muito simpática. Como me lembro de quando eu passava tanta fome, me

---

* O nome oficial da comunidade quacre é "Sociedade Religiosa dos Amigos".

compadeço e me disponho a lhe dar todos os dias minha ração de pão.

Vou abrindo a terra com a enxada e afastando os torrões com os dedos. É a primeira vez que banco a agricultora; e também é a primeira vez que noto que o fato de ter passado fome me serviu para algo: para compreender e me compadecer de outrem, quando está como eu.

Quando soa o apito, subimos à nossa sala e eu cedo à colega meu pedaço de pão preto.

Acho que hoje me foi mais proveitoso do que outros dias.

Uma noite de trevas

Agora, na central elétrica, toda noite cortam a energia. Dizem que fazem isso porque não há material.

Antes se vendiam velas, mas agora faz tempo que elas desapareceram.

Como não há nem velas nem eletricidade, foi preciso buscar outra coisa. E não se demorou muito a inventar uma.

É um utensílio fabricado da seguinte maneira: pega-se uma garrafinha e uma rolha daquelas de colônia. Tampa-se a parte superior de tal modo que a rolha seja atravessada por um buraco. Corta-se um pedaço de mecha ou de barbante e se introduz pelo buraco. Uma ponta fica dentro da garrafa e a outra do lado de fora.

Nesse recipiente se introduz gasolina ou, se não houver gasolina, petróleo, ou ainda, se também não houver petróleo, põe-se um líquido chamado Flix [Flit] que serve para matar insetos. Também há quem use álcool.

Feito isso, acende-se a ponta do barbante, e está construída a lamparina.

Nós queimamos petróleo. Por causa disso, temos que lavar o rosto antes de nos deitar, porque, do contrário, no dia seguinte teremos os lençóis e os travesseiros pretos.

Estamos jantando, à luz débil da garrafinha (o que é bom para não ver os bichos das lentilhas), quando esta se apaga.

O que aconteceu? Acendemos um fósforo e, oh fatalidade!, acabou-se o petróleo e não temos mais.

O que se vai fazer?

Continuamos jantando sem luz e com pouco pão. Até agora íamos relativamente bem quanto ao pão, mas hoje as cartelas extras acabaram e só daqui a uns dias teremos as novas.

No escuro e em silêncio, penso em Gener. Não me lamento do pão que lhe dou todos os dias e me digo que continuarei dando. Prometi, e não quero que ela pense que eu não tenho palavra ou que já me cansei. Além disso, a questão das cartelas se resolverá logo e voltaremos a ter pão suficiente.

O jantar acaba e, por ordem de papai, vamos dormir logo.

Ter que caminhar às apalpadelas e gritando "cuidado!" para não tropeçar em ninguém me faz pensar nos tempos primitivos, quando não se conheciam nem o gás nem a eletricidade.

"Que coisas você pensa!", me digo, ao me dar conta. Mas continuo: "Deviam ser mais felizes do que nós, pelo menos já viviam nas trevas e não se surpreendiam como nós."

Mas em seguida mudo de opinião. Sem dúvida, é melhor viver agora do que naqueles tempos.

Como devia ser a vida sem poder ler nem escrever? Que tédio!

Na Gran Via de les Corts Catalanes há um bar chamado Sol y Sombra. O local se transformou em restaurante popular.

Quem leva a carteira de trabalho ganha um cartão. Com esse cartão pode-se ir almoçar ou jantar. A refeição custa 2,50 pesetas.

Faz alguns dias que Àngel tem um desses cartões e, à noite, quando termina o trabalho, vai jantar lá.

Mas hoje, como é quinta-feira, ele acaba mais tarde e eu vou buscar seu jantar. Assim, quando chegar (o restaurante já estará fechado), ele terá sua comida em casa.

São 7h30 e, com uma marmita embaixo do braço, dirijo-me ao Sol y Sombra.

As luminárias da Gran Via estão apagadas e é preciso ir com cuidado para não quebrar a cabeça em alguma árvore.

Alguém leva uma lanterna e ilumina seu caminho.

Quando entro no lugar onde se faz fila para perfurarem o cartão, me vem um bafo de ar impuro. Em seguida constato que predomina o sexo masculino. Vejo tipos de todas as classes: mendigos, operários, senhores...

Ouve-se um grande murmúrio. A multidão está indignada. Se o pãozinho que eles davam já era pequeno, hoje estão dando somente meio.

— Deveríamos nos sublevar todos — diz um homem.

— Devem pensar que um trabalhador pode subsistir com meio prato de lentilhas e dois bocados de pão — acrescenta outro.

— Se eles tivessem que passar por isto...! — grita um garoto.

— Isso, rapaz, isso mesmo — responde o primeiro. — Mas, como estão bem fartos e vendem nosso pão a 1 peseta cada, não se lembram de quem passa necessidade.

Comentários como esse ouvem-se por todo lado. De vez em quando se formam grupos que os guardas se apressam a dissolver.

Depois de perfurar o cartão e pagar, recebo meio pãozinho, como o de Viena, e percebo que a reclamação feita há pouco por aquele homem está certa: não há mais do que dois bocados de pão.

Em seguida passo a uma sala iluminada por lâmpadas azuis onde há um grande número de mesas. Quase todos os lugares estão ocupados. Depois de muito procurar, encontro um livre. Sento-me e espero.

Não se passam muitos segundos e outro lugar livre ao meu lado é ocupado por uma moça de uns 17 anos.

Seu *tailleur*, embora um pouco sujo, parece em bom estado. Também observo que ela está muito magra e tem uma expressão transtornada.

Quando me dispunha a desviar os olhos, vejo que seu rosto se ruboriza. Acompanho seu olhar e vejo, sentado diante dela, um jovem de uns 20 anos. Também parece emocionado.

Segundos depois, duas mãos se apertam por cima da mesa coberta de manchas, grãos de arroz e migalhas de pão. Ouço o jovem perguntar, com voz muito comovida:

— A senhorita, aqui?

— Quem diria, hein? — responde a moça, com voz fraquíssima.

Uma das mulheres encarregadas de servir os pratos se aproximou de nossa mesa e, estendendo uma mão não muito limpa, pergunta:

— Os tíquetes?

Nós três lhe entregamos os tíquetes. Quando a mulher se afasta, os dois jovens continuam a conversa recém-iniciada.

Ouço que ele fala da morte do pai, do carro e da academia. Ela pronuncia as palavras: desgraça, miséria, fome...

Como a servente já nos trouxe a caçarola de lentilhas e arroz, eu me levanto para sair.

Enquanto caminho pelos ladrilhos do restaurante, noto que minhas *espardenyes* esmagam grãos de arroz e lentilhas.

Adiante vejo uma mulher com um menino no colo; ela come uma colherada e dá outra ao menino. Percebe-se que o menino não gosta muito, porque franze o narizinho, mas a mãe diz, amorosa:

— Coma, filho, coma, já vou lhe separar o arroz.

Em outra mesa vejo um homem que, à falta de colher (cada um tem que trazê-la, o restaurante não as fornece), come diretamente. Quando o vejo comer com a boca tocando o prato, me lembro do cachorro da tia Montserrat.

"Ele também come assim, sem colher", me digo.

Nas mesas não há copos, só moringas.

Um espasmo de nojo percorre todo o meu corpo quando, num canto, vejo um velho agarrando a moringa e bebendo não de jorro, mas diretamente no bocal. Depois de saciar sua sede, ele deixa a moringa sobre a mesa e, com o dorso da manga, limpa a baba que parece lhe cair constantemente da boca entreaberta, por causa da muita idade que já tem.

E pensar que, dessa mesma moringa, outras pessoas vão beber depois...!

Acelero o passo. Quero sair quanto antes para a rua e respirar ar puro; não quero ver mais nada, já vi o suficiente; até demais.

Logo chego a uma porta de saída e, abrindo-a com grande impulso, atravesso-a finalmente.

Lá fora, aspiro todo o ar que me cabe nos pulmões e começo a caminhar o mais depressa possível. Estou aflita para me afastar desse lugar, só de pensar nele sinto horror e repulsa.

O murmúrio da multidão faminta foi se enfraquecendo a cada passo.

Agora já reinam o silêncio, a calma... Somente em meu cérebro não há calma e as ideias fervem.

Na rua, as mesmas coisas, as mesmas árvores; no céu, os mesmos astros. Somente em meu cérebro há algo que não havia meia hora atrás. A ideia de um restaurante empesteado, onde só se vê miséria e onde come uma multidão de gente famélica; a de um homem faminto que, por falta de colher, se alimenta como um cão. Como um cão!

Saúde!

21 de dezembro. Começou o inverno: a estação mais triste do ano.

Em outros tempos talvez não fosse tão triste quanto agora, porque nesta estação há grandes festividades: Ano-Novo, Natal, Reis. Mas agora, com a guerra, desaparecem as únicas alegrias que havia, e nos resta um inverno cru e triste em todos os sentidos.

A tristeza da estação coincide com a da minha casa. Papai volta a passar mal. Tem uma dor de cabeça horrível, que não desaparece nem de noite nem de dia. Como resultado dessa dor, a comida se torna indigesta e ele perde o apetite.

À tarde, agora que só trabalha metade do dia, ele poderia se deitar, mas quando vai para a cama a dor aumenta de tal maneira que ele é obrigado a se levantar outra vez, embora tenha sono. Quando são 4 ou 5 horas da madrugada, a dor de cabeça não o deixa dormir mais.

Foi ao médico, que lhe receitou uns *sellos*,[43] mas não disse de onde vem a dor.

Hoje, mamãe completa 38 anos. Que dia triste, pobre mamãe!

Em outros anos, comemorávamos um pouco este dia, mas hoje... Papai só faz chorar.

Se é triste ver uma mulher chorar, mais ainda é ver um homem chorar.

Papai sofre muito e, debruçado sobre a mesa, exclama, em pranto:

— Por que eu tenho de sofrer tanto? A vida inteira a mesma coisa. Eu não mereço! Não mereço!

Como me comove!

Se eu pudesse dar a saúde que lhe falta, como daria! Saúde! Ninguém pode apreciar o valor dessa palavra se não sofreu como papai ou não presenciou como nós quanto é terrível não a ter.

E pensar que muitos que a têm boa acabam perdendo-a em um instante no campo de batalha. Se todo mundo sofresse como papai, talvez não houvesse tantas guerras, porque compreenderiam o que vale a saúde e a apreciariam como ela merece.

Como despedida de hoje em meu caderno de memórias, uso a dos antifascistas, que nunca me pareceu tão boa quanto agora. Assim eles saúdam, e assim saúdo eu:

— Saúde!

Noite de Natal, *Noche buena*, como dizem em castelhano.

São 21 horas. Neus já foi dormir. Àngel está comendo nos restaurantes (os restaurantes!). Faz bastante frio e não há eletricidade.

Estamos jantando, meus pais e eu, iluminados pela claridade de uma garrafinha com petróleo.

Consumimos sopas, pão e vinte avelãs cada um. Eu já terminei de jantar quando mamãe começa a falar desta data em anos anteriores, quando, atarefados em deixar tudo pronto e arrumado, nos deitávamos tarde. "Que diferença!", penso, comparando antes com agora. Antes tão alegre, agora... tão triste.

Passam-se momentos de silêncio; nós três pensamos a mesma coisa.

Uma grande tristeza se apodera de mim; penso no tio, nos combatentes que talvez tenham de lutar na frente, afundados na neve em vez de desfrutar deste dia em seus lares, com seus familiares.

Noto que estão prestes a me saltar duas lágrimas. Então me levanto da cadeira e vou para o banheiro. Uma luz débil entra pela fresta da porta. Olho ao meu redor: tudo está escuro, triste.

Encosto-me à parede e começo a chorar.

Oh, paredes que também existiam em tempos de paz! Que viam como entrávamos e saíamos apressadamente para poder ver mamãe preparando o peru. Para rir quando ela dizia que ia encher a barriga dele. Para nos sentir felizes ao ver as ameixas, os pinhões, tudo o que mamãe colocava dentro da ave, e ao pensar que comeríamos tudo aquilo no dia seguinte.

... Que viam como nos divertíamos, e como papai, sem dor de cabeça, também compartilhava nossa alegria com seus gracejos e suas risadas.

Oh, paredes que veem como a vida mudou!

Que ficam encharcadas por minhas lágrimas de saudade, que sentem como minhas mãos as acariciam, que não estão iluminadas como antes e parecem mais tristes; que me ouvem chorar por aqueles tempos...

Oh, minhas amigas! Será que vocês também têm saudade daquela época? Será que também odeiam a guerra?

Fim de ano

Hoje, último dia do ano de 1938, vou ao baile com Isabel, amiga do bairro, e Àngel.

O local está cheio. Predomina o elemento feminino. Estou dançando um *paso doble* com Àngel quando as luzes se apagam e se ouvem as sirenes. Grande alvoroço na escuridão.

Todo mundo sai. Minha amiga me aperta o braço e me diz muito baixinho:

— Não querem que acabemos de passar o ano com uma noite tranquila!

As explosões são contínuas. A artilharia antiaérea ressoa no espaço.

Ficamos os três numa escada, e no escuro posso ver o rosto do meu irmão.

Tenho a sensação de que Àngel está mais impressionado do que nunca. Minha suposição se confirma quando escuto sua voz meio comovida. Empurrando-nos mais para a escada, ele diz:

— Parece que estão caindo bem aqui...

Isabel me aperta com mais força e, quando me diz: "Ai, minha mãe!", percebo que ela está tremendo.

A cada bomba se seguem um aperto no braço e um silêncio impressionante. E, a cada silêncio, o desejo de que este seja interminável, que não seja perturbado por outra explosão retumbante.

Estamos os três calados, com o olhar fixo no pedaço de céu que se vê pelo batente da porta.

Depois de algum tempo, as explosões vão se espaçando e Isabel propõe sairmos. Está preocupada com a mãe.

Saímos.

Damos alguns passos quando vemos um grupo de pessoas apontando o céu.

Levantamos a cabeça e nos detemos de chofre.

O espetáculo é trágico e emocionante.

A lua, quase cheia e de um incomparável branco brilhante, deve estar contemplando uma Barcelona salpicada de bombas. Nós contemplamos o espaço salpicado de estrelas. Uma infinidade de refletores instalados em vários lugares se dirige a um mesmo ponto. O ponto que estes homens apontam com o dedo.

Nele, três aparelhos destruidores brilham como estrelas. Com o reflexo de todos os refletores que o enfocam, parecem diminutos pedacinhos de prata que evoluem lentamente.

O espetáculo dura até que de tão pequenos os pontinhos se tornam invisíveis. Mas a imagem ficou gravada para sempre em minha mente.

Empreendemos de novo a marcha.

Quando estamos na calle Castillejos, soam as sirenes avisando que o perigo passou.

Falamos de várias coisas. Isabel nos diz que no Natal se vendiam frangos a 43 *duros*.

Quando ela me pergunta o que comemos nesse dia, respondo que mamãe fez uma espécie de ensopado de arroz e vagens que no dia anterior tinham nos dado na cooperativa.

Estamos assim conversando quando chegamos à nossa rua. Um garoto se aproxima e diz:

— Sabem quem está no hospital, muito ferido?

Nós três o interrogamos com o olhar.

Por fim a voz dele se faz ouvir:

— Pepe Bueno.

Sinto um baque no peito, um calafrio em todo o corpo.

Experimento uma sensação como se o mundo tivesse afundado.

Ele está muito mal

7 de janeiro de 1939. Passou-se uma semana.

Tentei inutilmente escrever durante estes seis dias que transcorreram desde que eu soube da desgraça de Pepe Bueno. A cada vez tive que desistir, pois não conseguia explicar clara e ordenadamente nenhuma ideia nem pensamento.

Misturava as lembranças e os desejos e, como no conteúdo do que eu escrevia não havia ordem nem harmonia, acabava rasgando tudo.

Vejamos se desta vez consigo me expressar como gostaria.

No primeiro dia deste ano, ou seja, no dia seguinte àquele em que eu soube da terrível notícia, pude averiguar alguns detalhes do acontecido.

A noite que eu passei dançando com meu irmão e Isabel, o pobre Pepe passou-a no teatro junto com um colega. Ao saírem do local, os dois foram surpreendidos pelo bombardeio e, instantes depois, caíram feridos. Recordo muito bem o que cheguei a pensar e, por que não dizer, a chorar naquela noite.

Todos em casa já dormiam havia um bom tempo, ao passo que eu me remexia na cama desejando, como nunca desejei tanto alguma coisa, que Pepe não morresse.

Naquela noite, embora soubesse que ele estava ferido, eu ignorava todos os detalhes e, principalmente, que os ferimentos eram muito graves e que quase não havia esperança.

Na segunda noite, aos padecimentos pela sorte do meu amigo, uniu-se a incompreensão sobre tais padecimentos.

Durante todos estes dias, me esforcei muito por compreender meu desassossego por esse vizinho, ou por qualificá-lo.

Por isso, naquela segunda noite eu não conseguia dormir. Quando parava de me compadecer dele e de imaginá-lo deitado no centro cirúrgico, rodeado por médicos, todo coberto de sangue e sem sentidos, me assaltava a ideia de por que eu não conseguia tirá-lo da cabeça nem de dia nem de noite; e de por que no dia anterior, quando nos comunicaram a fatal desgraça de Pepe, estremeci daquela maneira e senti no peito aquela dor pungente.

Quando morreu o irmão dele, o bom do Ernest, senti muito, porque o apreciava como a poucos, mas não experimentei a sensação de ontem nem derramei nenhuma lágrima. Em contraposição, agora, pelo simples fato de Pepe estar ferido, a dor é maior, e não deixo de pensar nele nem por um momento.

E, dando outra volta na cama, esperava com impaciência que o dia amanhecesse para saber como ele se encontrava; se ainda vivia; o que diziam os médicos; se já eram permitidas visitas... e mais uma infinidade de coisas.

Mas o sono não chegava e eu voltava a pensar no último dia em que o vi, vestido de soldado, caminhando depressa, com as mãos nos bolsos.

Tanto o via triste como o via sério. Naquela noite, ele me pareceu mais bonito do que nunca.

Também me lembrei do dia em que seu irmão morreu.

Naquela manhã, quando estávamos os garotos e as garotas do bairro diante da minha casa, todos falando desse assunto, como era comovedor o aspecto de Pepe!

Recordo que alguém disse: "Lá vem o irmão de Ernest." E todos nos voltamos para olhá-lo. Eu o vi na calçada em frente, caminhando pausadamente, de cabeça baixa. Quando se aproximou de nós, levantou a cabeça e (oh, tenho certeza!) o primeiro olhar foi para mim. Seguramente, naquele instante nós dois pensamos na mesma coisa: na conversa do dia anterior. Havíamos falado precisamente de seu irmão, e, ao nos despedirmos, eu tinha dito:

— Tomara que, quando voltarmos a nos ver, você possa me dizer que Ernest melhorou!

Agora voltávamos a nos encontrar e a única coisa que ele podia me dizer era que seu irmão tinha morrido.

Durante aqueles instantes em que ele ficou me olhando, ninguém disse nada.

Finalmente ele me disse "Olá!" (pelo menos, me pareceu que dizia só a mim). Depois olhou os outros que o rodeavam e, baixando de novo a cabeça, ficou triste e pensativo.

Tinha baixado a cabeça para que não víssemos as lágrimas que lhe caíam dos olhos. Aqueles olhos tão expressivos, tão escuros, tão belos!

E eu acreditava tê-los diante de mim. Mas no princípio os via inchados e cheios de sangue. Porque recordava que no dia anterior ele tinha sido ferido pela metralha fascista.

Não sei a que horas adormeci, mas sei que durante toda a noite o tive no cérebro. Primeiro desperta e pensando, depois dormindo e sonhando.

A noite angustiante passou e chegou o dia, tal como eu desejava. Mas não soube nada de novo. Nesse dia tentei escrever, mas desisti.

Passaram a terça e a quarta-feiras.

Na quinta, Marcel, um amigo do bairro, me contou que uns colegas de Pepe tinham ido vê-lo e souberam que seu estado era péssimo. Disse que ele estava inconsciente e tinha ferimentos em dois pontos. Perguntei quais, mas Marcel não soube dizer.

Essas notícias me causaram um grande abatimento. Naquela noite voltei a sonhar com Pepe. Ele usava um traje branco e estava no Parc de la Ciutadella passeando por um jardim.

Na quinta-feira ao meio-dia as notícias foram mais desesperadoras do que nunca.

Epílogo

Assim terminam aquelas memórias da guerra, de maneira brusca, sem um ponto final. Por quê?

Quero dar uma explicação. Agora posso. A morte do meu amigo Pepe Bueno (ele faleceu dias depois de cair ferido num bombardeio, em 31 de dezembro de 1938) me afetou de maneira imprevisível.

Eu sentia por ele um afeto muito íntimo, metade realidade, metade fantasia. Poderíamos dizer que estava apaixonada. Pode-se entrever isso em minhas anotações, mas eu não podia expô-lo abertamente. Era um segredo, e eu ficaria muito envergonhada se o expusesse. Unia-nos uma forte amizade e nada mais.

Ele pertencia a uma família numerosa. Eram seis irmãos: duas garotas — uma se chamava Maria —, depois ele, Pepe, e em seguida vinham Gustavo e o menor, Clemente; além de Ernest, que morrera de doença.

Sei que um dos irmãos, quando se casou, foi viver na Gran Via de les Corts Catalanes; e não sei muito mais do que isso. Definitivamente, perdi o rastro da família de Pepe Bueno.

Seus pais eram castelhanos mas ele estava muito integrado na Catalunha. Estudava catalão e com frequência queria que lhe falássemos nesse idioma. Recordo que, certa vez, discutimos sobre a palavra *sòl*.* Ele dizia que esse termo também significava *terra*, e eu, ignorante, dizia que não.

Às vezes me dizia que eu, quando fosse maior, partiria mais de um coração, e coisas desse estilo. Também me achava parecida com a atriz de cinema Joan Blondell. Fazia-me um ou outro galanteio, mas só isso: eu era uma menina, e ele tinha 19 anos!

Eu já não alimentava a ilusão de que, quando fosse mais velha, poderia agradá-lo. Mas sua morte me afetou de um modo tão avassalador que eu mesma me surpreendi. Fez com que aquele sentimento em estado latente explodisse de forma muito mais intensa.

Seguramente, se Pepe não tivesse morrido, nossas vidas teriam seguido caminhos diferentes, mas, como não foi assim, como sua morte foi repentina, fiquei unida a ele para sempre, com aquele amor que de platônico passou a ser (coisa que, depois de tantos anos, posso e quero dizer) meu primeiro grande amor.

Tanto meus sentimentos quanto minha dor eram secretos; eu não podia me desabafar com ninguém, nem com os de casa nem com a família dele, nem com nenhuma amiga...

Assim sendo, como iria falar deles em meus relatos? E, se não podia explicá-los ao papel, poderia escrever sobre o quê? Nada merecia minha atenção. Simplesmente, parei de escrever.

Aí está o motivo pelo qual aquelas anotações foram interrompidas antes que a guerra terminasse totalmente em Barcelona, em 26 de janeiro de 1939.

---

* "Solo", em catalão. Em espanhol, sem o acento, "sol". (*N. da T.*)

Por causa da guerra, sofri por diversos motivos: a fome, os bombardeios, o fechamento da escola, a interrupção dos estudos, o desaparecimento do tio Enric, de quem não soubemos mais nada. E depois a vida me feriu de maneira muito mais pungente, mas aquela foi a primeira ferida.

A vida vai nos endurecendo, o tempo mitiga tudo, mas a primeira cicatriz ficou bem marcada. Aquele coração era tão terno...

E. M. G., *maio de 2007*

ANEXO

Lista do professorado do Grup Escolar Ramon Llull

"Quando faço um balanço de minha vida, na parte positiva figura em primeiro lugar a sorte que tive por desfrutar de um sistema excepcional de ensino e por contar, além disso, com uma diretora pedagógica extraordinária e pessoa de grande valor."

Com esse parágrafo, Encarnació Martorell concluía a enquete sobre os Grups Escolars del Patronat que lhe enviei na primavera de 2004. Aquela etapa escolar configurou boa parte de sua personalidade e marcou decididamente sua vida no que se refere a valores éticos e inquietações intelectuais. Depois de setenta anos, ela ainda recordava os nomes das professoras que teve em suas sete séries de escolarização no Grup Escolar Ramon Llull: Margarida Cortadillas, Rosalia Ripollès, Dolors Simón, Leonor Reig, Felisa Solans... e, em especial, Anna Rubiés, *sua* diretora. De todas elas, recorda o caráter bondoso, a paciência e ao mesmo tempo a exigência de que os alunos assimilassem os conteúdos curriculares, a atitude atenta, a honradez cívica, a afetividade, a eficiência profissional...

Encarnació recorda como se fosse hoje a metodologia ativa que elas empregavam na dinâmica de ensino e aprendizagem, pois era um professorado empolgado com o papel-chave de formar cidadãos livres, responsáveis e com cultura, tanto própria quanto universal:

"Além de aprendermos canções que a professora acompanhava ao piano, nos ministravam conhecimentos de música que, embora rudimentares, podiam servir para fazer aflorar capacidades ou, pelo menos, para saber o que era uma clave de sol ou a disposição das notas numa pauta.

"O ensino que recebíamos era um ensino vivo. Recortávamos e comentávamos notícias dos jornais, ecoando comemorações de fatos históricos ou celebrações de atos importantes. Cada turma era responsável por um canteiro dos que rodeavam o jardim, e nele plantávamos plantas [sic] ou flores das quais devíamos cuidar, iniciando-nos assim na jardinagem.

"Numa ocasião formamos um grupo de teatro dirigido por quatro garotas. Começamos escrevendo uma obra, depois escolhemos os atores — garotos e garotas —, dirigimos os ensaios e a obra foi apresentada no teatro, com um cenário elevado e plateia, na festa de fim de curso.

"As aulas de desenho eram dadas numa sala bem equipada, com cavaletes ao redor de modelos como jarras, flores etc., tudo ao natural. A professora, creio que se chamava Costa, ia circulando e corrigindo os desenhos feitos a carvão."

O Patronat Escolar era um organismo misto entre o Ministério da Educação Pública e o Ayuntamiento de Barcelona, e entre suas atribuições estava a de selecionar — por meio de concurso público — os mestres e mestras que, dentro do escalão estatal e sem estar à mercê do sistema geral de preenchimento de vagas, deviam exercer seu ofício nas escolas municipais. Na prática, isso significava que os Grups Escolars contavam com os melhores professores e diretores, tanto daqui como do resto do Estado.

Com o Patronat Escolar do Ayuntamiento de Barcelona os docentes se sentiram reconhecidos humana, econômica e profissionalmente, pois, ao receber em dobro o salário que o Estado lhes pagava e de ter apoio para sua formação permanente — sobretudo através do Seminari de Pedagogia da Universitat de Barcelona —, puderam se entregar em cheio a uma tarefa pedagogicamente estimulante e relacionada com o restabelecimento cívico e cultural do país.

A seguinte relação do professorado e do pessoal não docente do Grup Escolar Ramon Llull durante o período republicano é uma singela mas sentida homenagem à sua memória, como bons cidadãos e excelentes profissionais:

Asensio i Fandos, Josefina
Ausejo i Sains, Lucía
Bach i Cirera, Ignacia
Baquero, Mercè
Barahona i Granda, Prudencia
Baró i Miralles, Assumpció
Bauzà i de Mirabó, Maria Lluïsa
Boadella, Rosa
Bonamusa i Cascarro, Josep Maria
Bonilla i Martín, Gonçal
Bosch i Serra, Salvador
Cobos, Senyor
Cordero i Mas, Isabel
Coronas i Ribera, Josepa
Cortadillas i Baltasar, Margarida

Costa, Joaquina (desenho)
Crespell i Casals, Eduard
Doreste i Betancor, Federico
Farrerons i Juncosa, Ramon
Filella i Bragós, Columba
Fontana i Riera, Fortunat
García i Àvila, Claudi
García, Encarnació (ensino doméstico)
García i Obiols, Gerard (educação física)
Giner i Roqué, Ricard
Gironella i Gratacós, Àngels
Ibáñez, Emília
Leal i Bosch, Josep
Lecumberri i Jausoro, Dorotea
López i Sánchez, Valentina
Martín i Bagan, Concepció
Mensa y Borés, Maria dels Àngels
Montserrat i Morros, Remei (música)
Muñoz i Calleja, Antoni S.
Omella i Ciprià, Simeó
Pons i Fàbregas, Rosa
Puigdomènech i Viaplana, Anna
Reig i Mir, Leonor
Ribalta, Pilar
Ribó i Rovira, Francesc
Ricart i Pujol, Jaume
Ripollès i Fernández, Rosalia
Rovira i Pérez, Vicente
Rubiés i Monjonell, Anna
Sampol i Fiol, Bernat

Sensat i Coll, Cèlia
Serra, Adela
Serra, Emília
Simó, Carme
Simón i Castillo, Dolors
Solans i Alejandre, Felisa
Solé i Solé, Dolors
Taverna i Martínez, Josep
Taxonera i Santasusagna, Teresa
Tresánchez i Camí, Josep Maria
Tresánchez i Trias, Josep Maria
Vallespir i Gavaldà, Josep
Vilaseca i Garolera, Josepa

Pessoal não docente

Cabeza i Gràcia, Josep (bedel)
Guixcafré i Ferrer, Lluís (zelador)
Sacristan i Birbe, Joan (bedel)

Notas

Encarnació Martorell i Gil

1. Do estudo surgiu o livro *Els Alumnes de la República* (Barcelona, Publicacions de l'Abadia de Montserrat, 2008), no qual estão recolhidas as lembranças e opiniões dos antigos alunos dos Grups Escolars e das escolas municipais do Patronat Escolar do Ayuntamiento de Barcelona durante a década de 1930, acerca de uns vinte temas (professorado, metodologia, língua, coeducação, edifícios...). No caso de Encarnació Martorell, as vivências correspondem aos anos que ela passou no G. E. Ramon Llull (de 1932 a 1939); o livro inclui, além disso, umas 15 crônicas escolares — as únicas que ela conseguiu conservar — que realizou na escola durante a Guerra Civil após ser escolhida como "cronista oficial" pela diretora e pelo professorado.

2. Em 1922 já existiam outros dois Grups Escolars, o Baixeras e La Farigola.

3. Em 2004 publicou-se um livro documentadíssimo de Santiago e Elisenda Albertí, *Perill de bombardeig! Barcelona sota les bombes (1936-1939)* (Barcelona, Albertí Editor), cerca de 380 páginas repletas de datas, mapas, desenhos, fotografias e uma coletânea de recortes de imprensa sobre os bombardeios sofridos.

4. Junho de 1958.

5. Os relatos estão escritos a lápis em quatro cadernetas e cadernos.

Diário

1. Neus.

2. Àngel.

3. Grup Escolar Ramon Llull, do Patronat Escolar do Ayuntamiento de Barcelona.

4. 31 de março de 1937.

5. Um real equivalia a um quarto de peseta, ou seja, 25 centavos.

6. Encarnació Gil i Roig.

7. Encarnació Roig i Corominas.

8. Àngel Martorell i Vidiella.

9. Unidade de peso catalã equivalente a 400 gramas.

10. Peso de peixe ou de carne equivalente a 400 gramas.

11. Irmã de Encarnació Gil i Roig.

12. Unidade de peso catalã equivalente a 1/12 avos de uma libra, ou seja, 33,333 gramas.

13. Sardinhas pequenas que eram vendidas por unidade.

14. Caldo concentrado em forma de cubo pequeno.

15. Baú.

16. 19 de julho de 1937.

17. Dinheiro.

18. Montserrat, tia de Encarnació Gil i Roig.

19. 25 de dezembro de 1937.

20. Eram feitas com água e farinha de milho, com um pouco de sal e um jorrinho de óleo, se houvesse.

21. Era a forma mais popular de contar dinheiro. Um *duro* era uma moeda de cinco pesetas.

22. Chamam-se assim as azeitonas que, tendo ou não caído ao solo, não foram recolhidas e se enrugaram depois de muitos dias expostas ao sol e às intempéries.

23. Fio grosso.

24. 19 de janeiro de 1938.

25. Peso que equivale a 26 libras, aproximadamente dez quilos.

26. Inchação da pele causada pelo frio e que provoca ardência e prurido. (Em português, geladura. [*N. da T.*])

27. Pacote de tabaco picado.

28. A Escola del Mar de La Barceloneta era uma magnífica construção de madeira, de três corpos em forma de U aberto e dois andares, com uma escada levadiça para descer até a areia e uma profusão de janelões sobre o mar; dentro, tinha-se a sensação de estar num barco de verdade. Josep Goday foi o arquiteto, e o edifício entrou em funcionamento no verão de 1921. Pere Vergés i Farrés foi seu único diretor. Ali se levou a cabo uma das renovações pedagógicas mais acertadas com que nosso país contou.

29. Anna Rubiés i Monjonell foi diretora da seção feminina do Grup Escolar Ramon Llull; da seção masculina se encarregava o canarino Federico Doreste y Betancor. *Doña* Annita, como a chamavam suas alunas, era uma mulher de grande personalidade, culta, íntegra e excelente pedagoga. Gozava de forte autoridade moral entre professores e alunos do centro. Assim como a maioria de diretores e diretoras — e grande parte do professorado do Patronat Escolar —, sofreu a depuração franquista e foi privada de trabalho e salário durante cinco anos, após os quais confinaram-na durante um tempo em Guadalajara.

30. Ano de 1938.

31. Pepe Bueno.

32. Ernest.

33. Nesse prédio morava a Paniello, colega de classe.

34. Em 11 de março de 1938.

35. Gerard García i Obiols, professor de educação física. No anexo, pode-se consultar a lista de mestres do Grupo Escolar Ramon Llull.

36. Três anos antes do estipulado para que um jovem fosse convocado ao serviço militar.

37. A autora é Bertha von Suttner, austríaca, a primeira mulher que obteve, em 1905, o prêmio Nobel da Paz.

38. Enric Gil i Roig.

39. Juan Negrín López. Médico e político. Foi nomeado chefe do Governo em maio de 1937 e exerceu o cargo até o final da Guerra Civil.

40. *Menager, -a*: assim eram chamados os meninos e meninas das últimas séries primárias encarregados de servir e atender às mesas e os alunos na hora da refeição.

41. Ano de 1938.
42. Felisa Solans i Alejandre.
43. Medicamento em cápsulas feitas de obreia ou amido.

Este livro foi composto na tipologia Minion Pro
em corpo 11/15,8, e impresso em papel off white 80g/m²
pelo Sistema Cameron da Distribuidora Record
de Serviços de Imprensa S.A.